DOCÊNCIA em FORMAÇÃO
Educação Infantil

Coordenação:
Selma Garrido Pimenta

EDITORA AFILIADA

© 2012 by Ana M. A. Carvalho
Maria Isabel Pedrosa
Maria Clotilde Rossetti-Ferreira

© Direitos de publicação
CORTEZ EDITORA
Rua Monte Alegre, 1074 – Perdizes
05014-001 – São Paulo – SP
Tel.: (11) 3864-0111 Fax: (11) 3864-4290
cortez@cortezeditora.com.br
www.cortezeditora.com.br

Direção
José Xavier Cortez

Editor
Amir Piedade

Preparação
Alessandra Biral

Revisão
Alessandra Biral
Patrizia Zagni

Edição de Arte
Mauricio Rindeika Seolin

Ilustração de Capa
Antônio Carlos Tassara, sobre projeto de Davi Carvalho

Ilustração Internas e Fotos
Davi Carvalho

Dados Internacionais de Catalogação na Publicação (CIP)
(Câmara Brasileira do Livro, SP, Brasil)

Carvalho, Ana M. A.
  Aprendendo com a criança de zero a seis anos / Ana M. A. Carvalho, Maria Isabel Pedrosa, Maria Clotilde Rossetti-Ferreira. – São Paulo: Cortez, 2012. – (Coleção docência em formação: Educação Infantil / coordenação Selma Garrido Pimenta)

Bibliografia.

ISBN 978-85-249-1992-3

1. Educação 2. Educação de crianças 3. Família – Aspectos sociais 4. Psicologia educacional I. Pedrosa, Maria Isabel. II. Rossetti-Ferreira, Maria Clotilde. III. Pimenta, Selma Garrido. IV. Título. V. Série.

12-12338   CDD-370.15

Índices para catálogo sistemático:
1. Família e educação: Psicologia educacional   370.15

Impresso no Brasil – dezembro de 2024

Ana M. A. Carvalho
Maria Isabel Pedrosa
Maria Clotilde Rossetti-Ferreira

Aprendendo com a criança de zero a seis anos

1ª edição
3ª reimpressão

Agradecimentos

No longo percurso de pesquisa e reflexão que conduziu a este livro, há tantos a quem agradecer que esta lista será necessariamente incompleta.

Em primeiro lugar, às crianças que nos ensinaram tantas coisas ao longo de mais de trinta anos em que viemos procurando entendê-las.
Aos pais e educadores que permitiram nosso acesso a situações de observação e muitas vezes colaboraram diretamente conosco nesse percurso.
Aos inúmeros alunos e colegas que construíram conosco os bancos de dados com os quais desenvolvemos nossos trabalhos, e que são as fontes de muitos dos episódios descritos aqui.
À Universidade de São Paulo (USP), campi São Paulo e Ribeirão Preto, e à Universidade Federal de Pernambuco (UFPE),
que sediaram nosso trabalho ao longo desses anos.
Às instituições de educação e de acolhimento à infância que nos receberam e autorizaram nosso convívio com as crianças.
Aos colegas que interagiram conosco em bancas, congressos e outras ocasiões de intercâmbio nas quais ideias e resultados foram debatidos e reelaborados.
Aos alunos de graduação e de pós-graduação que frequentaram nossas disciplinas e são igualmente coconstrutores do que aprendemos com as crianças.
À Coordenação de Aperfeiçoamento de Pessoal de Nível Superior (Capes), ao Conselho Nacional de Desenvolvimento Científico e Tecnológico (CNPq), à Fundação de Amparo à Ciência e Tecnologia do Estado de Pernambuco (Facepe) e à Fundação de Amparo à Pesquisa do Estado de São Paulo (Fapesp), que em diversos momentos apoiaram nossos projetos de pesquisa e os de nossos estudantes.

Sumário

Aos professores 9

Apresentação da coleção 11

Prefácio 21

Capítulo I Por que aprender com a criança 25
              1. Aprender e ensinar 27
              2. O bebê e o outro 29
               3. Processos e produtos 31
              4. O que sabemos e com quem aprendemos .. 34

Capítulo II De onde viemos? 35
              1. Bilhões de anos revistos
                 em poucos minutos 39
              2. Os primatas 41
              3. Vida social 51
              4. Lacunas e implicações 56

Capítulo III O que é meio? 59
              1. Os meios da criança na teoria de
                 desenvolvimento de Henri Wallon 62
              2. A perspectiva ecológica
                 de Urie Bronfenbrenner 79
              3. A perspectiva da Rede de Significações
                 (RedSig) 81
              4. Mais convergências do que diferenças 87

Capítulo IV	O INCRÍVEL BEBÊ 89	
	1. Como fizemos o bebê contar o que sabe? . . 92	
	2. Bebê, você é incrível! 95	
	3. Um comunicador nato 110	
	4. Mãe e bebê: a evolução de um sistema bem ajustado 113	
Capítulo V	A PRIMEIRA RELAÇÃO AFETIVA 117	
	1. Passarinhos, patinhos e bebês 121	
	2. O ninho e o mundo 129	
	3. Eu e o outro 132	
	4. Apego e comunicação 134	
	5. O desenvolvimento do apego 136	
	6. Um único vínculo afetivo? 140	
	7. Apego, troca afetiva e cuidado físico 144	
Capítulo VI	HÁ MAIS GENTE LÁ FORA 151	
	1. O outro é muito interessante 158	
	2. Construindo relações 163	
	3. Com quem eu brigo e por quê 165	
	4. De quem eu cuido 169	
	5. Quanto duram as relações infantis 178	
Capítulo VII	BRINCAR, APRENDER, ENSINAR 179	
	1. Brincar e trocar com o outro 184	
	2. Brincar e aprender 188	
	3. Aprender e ensinar 200	
	4. Brincar e criar 202	

Capítulo VIII A MAGIA DA FALA 205
                    1. Bebês conversam? 209
                    2. Imitar e entender vêm antes de falar 214
                    3. Construindo a comunicação 217
                    4. Começa devagar, de repente explode! 222

Capítulo IX REFLETINDO SOBRE O QUE APRENDEMOS 227
                    1. Da maternidade à escola: algumas
                        questões sob o ângulo da saúde 235
                    2. Apego e vida familiar 237
                    3. Apego e práticas coletivas
                        de cuidado e educação 239
                    4. Concluindo 244

FONTES E SUGESTÕES 245

AOS PROFESSORES

A **Cortez Editora** tem a satisfação de trazer ao público brasileiro, particularmente aos estudantes e profissionais da área educacional, a **Coleção Docência em Formação**, destinada a subsidiar a formação inicial de professores e a formação contínua daqueles que estão em exercício da docência.

Resultado de reflexões, pesquisas e experiências de vários professores especialistas de todo o Brasil, a Coleção propõe uma integração entre a produção acadêmica e o trabalho nas escolas. Configura um projeto inédito no mercado editorial brasileiro por abarcar a formação de professores para todos os níveis de escolaridade: **Educação Básica** (incluindo a **Educação Infantil**, o **Ensino Fundamental** e o **Ensino Médio**), a **Educação Superior**, a **Educação de Jovens e Adultos** e a **Educação Profissional**. Completa essa formação com os Saberes Pedagógicos.

Com mais de 30 anos de experiência e reconhecimento, a Cortez Editora é uma referência no Brasil, nos demais países latino-americanos e em Portugal por causa da coerência de sua linha editorial e da atualidade dos temas que publica, especialmente na área da Educação, entre outras. É com orgulho e satisfação que lança a **Coleção Docência em Formação**, pois estamos convencidos de que se constitui em novo e valioso impulso e colaboração ao pensamento pedagógico e à valorização do trabalho dos professores na direção de uma escola melhor e mais comprometida com a mudança social.

José Xavier Cortez
Editor

APRESENTAÇÃO DA COLEÇÃO

A Coleção **Docência em Formação** tem por objetivo oferecer aos professores em processo de formação e aos que já atuam como profissionais da Educação subsídios formativos que levem em conta as novas diretrizes curriculares, buscando atender, de modo criativo e crítico, às transformações introduzidas no sistema nacional de ensino pela Lei de Diretrizes e Bases da Educação Nacional, de 1996. Sem desconhecer a importância desse documento como referência legal, a proposta desta Coleção identifica seus avanços e seus recuos e assume como compromisso maior buscar uma efetiva interferência na realidade educacional por meio do processo de ensino e de aprendizagem, núcleo básico do trabalho docente. Seu propósito é, pois, fornecer aos docentes e alunos das diversas modalidades dos cursos de formação de professores (licenciaturas) e aos docentes em exercício, livros de referência para sua preparação científica, técnica e pedagógica. Os livros contêm subsídios formativos relacionados ao campo dos saberes pedagógicos, bem como ao campo dos saberes relacionados aos conhecimentos especializados das áreas de formação profissional.

A proposta da Coleção parte de uma concepção orgânica e intencional de educação e de formação de seus profissionais, e com clareza do que se pretende formar para atuar no contexto da sociedade brasileira contemporânea, marcada por determinações históricas específicas.

Como bem mostram estudos e pesquisas recentes na área, os professores são profissionais essenciais nos processos de mudanças das sociedades. Se forem deixados à margem, as decisões pedagógicas e curriculares alheias, por mais interessantes que possam parecer, não se efetivam, não gerando efeitos sobre o social. Por isso, é preciso investir na formação e no desenvolvimento profissional dos professores.

Na sociedade contemporânea, as rápidas transformações no mundo do trabalho, o avanço tecnológico configurando a sociedade virtual e os meios de informação e comunicação incidem com bastante força na escola, aumentando os desafios para torná-la uma conquista democrática efetiva. Transformar as escolas em suas práticas e culturas tradicionais e burocráticas que, por intermédio da retenção e da evasão, acentuam a exclusão social, não é tarefa simples nem para poucos. O desafio é educar as crianças e os jovens propiciando-lhes um desenvolvimento humano, cultural, científico e tecnológico, de modo que adquiram condições para fazer frente às exigências do mundo contemporâneo. Tal objetivo exige esforço constante do coletivo da escola – diretores, professores, funcionários e pais de alunos – dos sindicatos, dos governantes e de outros grupos sociais organizados.

Não se ignora que esse desafio precisa ser prioritariamente enfrentado no campo das políticas públicas. Todavia, não é menos certo que os professores são profissionais essenciais na construção dessa nova escola. Nas últimas décadas, diferentes países realizaram grandes investimentos na área da formação e desenvolvimento profissional de professores visando essa finalidade. Os professores contribuem com seus saberes, seus valores, suas experiências nessa complexa tarefa de melhorar a qualidade social da escolarização.

Entendendo que a democratização do ensino passa pelos professores, por sua formação, por sua valorização profissional e por suas condições de trabalho, pesquisadores têm apontado para a importância do investimento no seu desenvolvimento profissional, que envolve formação inicial e continuada, articulada a um processo de valorização identitária e profissional dos professores. Identidade que é *epistemológica*, ou seja, que reconhece a docência como um *campo de conhecimentos específicos* configurados em quatro grandes conjuntos, a saber:

1. conteúdos das diversas áreas do saber e do ensino, ou seja, das ciências humanas e naturais, da cultura e das artes;
2. conteúdos didático-pedagógicos, diretamente relacionados ao campo da prática profissional;
3. conteúdos relacionados a saberes pedagógicos mais amplos do campo teórico da educação;
4. conteúdos ligados à explicitação do sentido da existência humana individual, com sensibilidade pessoal e social.

Vale ressaltar que identidade que é *profissional*, ou seja, a docência, constitui um campo específico de intervenção profissional na prática social.

E, como tal, ele deve ser valorizado em seus salários e demais condições de exercício nas escolas.

O desenvolvimento profissional dos professores tem se constituído em objetivo de propostas educacionais que valorizam a sua formação não mais fundamentada na racionalidade técnica, que os considera como meros executores de decisões alheias, mas em uma perspectiva que reconhece sua capacidade de decidir. Ao confrontar suas ações cotidianas com as produções teóricas, impõe-se rever suas práticas e as teorias que as informam, pesquisando a prática e produzindo novos conhecimentos para a teoria e a prática de ensinar. Assim, as transformações das práticas docentes só se efetivam à medida que o professor *amplia sua consciência sobre a própria prática*, a de sala de aula e a da escola como um todo, o que pressupõe os conhecimentos teóricos e críticos sobre a realidade. Tais propostas enfatizam que os professores colaboram para transformar as escolas em termos de gestão, currículos, organização, projetos educacionais, formas de trabalho pedagógico. Reformas gestadas nas instituições, sem tomar os professores como parceiros/autores, não transformam a escola na direção da qualidade social. Em consequência, *valorizar o trabalho docente significa dotar os professores de perspectivas de análise que os ajudem a compreender os contextos históricos, sociais, culturais, organizacionais nos quais se dá sua atividade docente.*

Na sociedade brasileira contemporânea, novas exigências estão postas ao trabalho dos professores. No colapso das antigas certezas morais, cobra-se deles que cumpram funções da família e de outras instâncias sociais; que respondam à necessidade de afeto dos alunos; que resolvam os problemas da violência, das drogas e da indisciplina; que preparem melhor os alunos nos conteúdos das matemáticas, das ciências e da tecnologia tendo em vista colocá-los em melhores condições para enfrentarem a competitividade; que restaurem a importância dos conhecimentos na perda de credibilidade das certezas científicas; que sejam os regeneradores das culturas/identidades perdidas com as desigualdades/diferenças culturais; que gestionem as escolas com economia cada vez mais frugal; que trabalhem coletivamente em escolas com horários cada vez mais fragmentados. Em que pese a importância dessas demandas, não se pode exigir que os professores individualmente considerados façam frente a elas. Espera-se, sim, que coletivamente apontem caminhos institucionais ao seu enfrentamento.

É nesse contexto complexo, contraditório, carregado de conflitos de valor e de interpretações, que se faz necessário ressignificar a identidade do professor. O ensino, atividade característica do professor, é uma prática social complexa, carregada de conflitos de valor e que exige opções éticas e políticas. Ser professor requer saberes e conhecimentos científicos, pedagógicos, educacionais, sensibilidade da experiência, indagação teórica e criatividade para fazer frente às situações únicas, ambíguas, incertas, conflitivas e, por vezes, violentas, das situações de ensino, nos contextos escolares e não escolares. É da natureza da atividade docente proceder à mediação reflexiva e crítica entre as transformações sociais concretas e a formação humana dos alunos, questionando os modos de pensar, sentir, agir e de produzir e distribuir conhecimentos na sociedade.

Problematizando e analisando as situações da prática social de ensinar, o professor incorpora o conhecimento elaborado, das ciências, das artes, da filosofia, da pedagogia e das ciências da educação, como ferramentas para a compreensão e proposição do real.

A Coleção investe, pois, na perspectiva que valoriza a capacidade de decidir dos professores. Assim, discutir os temas que perpassam seu cotidiano nas escolas – projeto pedagógico, autonomia, identidade e profissionalidade dos professores, violência, cultura, religiosidade, a importância do conhecimento e da informação na sociedade contemporânea, a ação coletiva e interdisciplinar, as questões de gênero, o papel do sindicato na formação, entre outros –, articulados aos contextos institucionais, às políticas públicas e confrontados com experiências de outros contextos escolares e com as teorias, é o caminho a que a Coleção **Docência em Formação** se propõe.

Os livros que a compõem apresentam um tratamento teórico-metodológico pautado em três premissas: há uma estreita vinculação entre os conteúdos científicos e os pedagógicos; o conhecimento se produz de forma construtiva e existe uma íntima articulação entre teoria e prática.

Assim, de um lado, impõe-se considerar que a atividade profissional de todo professor possui uma natureza pedagógica, isto é, vincula-se a objetivos educativos de formação humana e a processos metodológicos e organizacionais de transmissão e apropriação de saberes e modos de ação. O trabalho docente está impregnado de intencionalidade, pois visa a formação humana por meio de conteúdos e habilidades de pensamento e ação, implicando escolhas, valores, compromissos éticos. O que significa introduzir objetivos explícitos de natureza conceitual, procedimental e valorativa em relação aos conteúdos da matéria que se ensina; transformar o saber científico ou tecnológico em conteúdos formativos; selecionar e organizar conteúdos de acordo com critérios lógicos e psicológicos em função das características dos alunos e das finalidades do ensino; utilizar métodos e procedimentos de ensino específicos inserindo-se em uma estrutura organizacional em que participa das decisões e das ações coletivas. Por isso, para ensinar, o professor necessita de conhecimentos e práticas que ultrapassem o campo de sua especialidade.

De outro ponto de vista, é preciso levar em conta que todo conteúdo de saber é resultado de um processo de construção de conhecimento. Por isso, dominar conhecimentos não se refere apenas à apropriação de dados objetivos pré-elaborados, produtos prontos do saber acumulado. Mais do que dominar os produtos, interessa que os alunos compreendam que estes são resultantes de um processo de investigação humana. Assim, trabalhar o conhecimento no processo formativo dos alunos significa proceder à mediação entre os significados do saber no mundo atual e aqueles dos contextos nos quais foram produzidos. Significa explicitar os nexos entre a atividade de pesquisa e seus resultados, portanto, instrumentalizar os alunos no próprio processo de pesquisar.

Na formação de professores, os currículos devem configurar a pesquisa como *princípio cognitivo*, investigando com os alunos a realidade escolar, desenvolvendo neles essa atitude investigativa em suas atividades profissionais e assim configurando a pesquisa também como *princípio formativo* na docência.

Além disso, é no âmbito do processo educativo que mais íntima se afirma a relação entre a teoria e a prática. Em sua essência, a educação é uma prática, mas uma prática intrinsecamente intencionalizada pela teoria. Decorre dessa condição a atribuição de um lugar central ao estágio, no processo da formação do professor. Entendendo que o estágio é constituinte de todas as disciplinas percorrendo o processo formativo desde seu início, os livros da Coleção sugerem várias modalidades de articulação direta com as escolas e demais instâncias nas quais os professores atuarão, apresentando formas de estudo, análise e problematização dos saberes nelas praticados. O estágio também pode ser realizado como espaço de projetos interdisciplinares, ampliando a compreensão e o conhecimento da realidade profissional de ensinar. As experiências docentes dos alunos que já atuam no magistério, como também daqueles que participam da formação continuada, devem ser valorizadas como referências importantes para serem discutidas e refletidas nas aulas.

Considerando que a relação entre as instituições formadoras e as escolas pode se constituir em espaço de formação contínua para os professores das escolas assim como para os formadores, os livros sugerem a realização de projetos conjuntos entre ambas. Essa relação com o campo profissional poderá propiciar ao aluno em formação oportunidade para rever e aprimorar sua escolha pelo magistério.

Para subsidiar a formação inicial e continuada dos professores onde quer que se realizem: nos cursos de licenciatura, de pedagogia e de pós-graduação, em universidades, faculdades isoladas, centros universitários e Ensino Médio, a Coleção está estruturada nas seguintes séries:

Educação Infantil: profissionais de creche e pré-escola.

Ensino Fundamental: professores do 1º ao 5º ano e do 6º ao 9º ano.

Ensino Médio: professores do Ensino Médio.

Ensino Superior: professores do Ensino Superior.

Educação Profissional: professores do Ensino Médio e Superior Profissional.

Educação de Jovens e Adultos: professores de jovens e adultos em cursos especiais.

Saberes pedagógicos e formação de professores.

Em síntese, a elaboração dos livros da Coleção pauta-se nas seguintes perspectivas: investir no conceito de *desenvolvimento profissional*, superando a visão dicotômica de formação inicial e de formação continuada; investir em sólida formação teórica nos campos que constituem os saberes da docência; considerar a formação voltada para a profissionalidade docente e para a construção da identidade de professor; tomar a pesquisa como componente essencial da/na formação; considerar a prática social concreta da educação como objeto de reflexão/formação ao longo do processo formativo; assumir a visão de totalidade do processo escolar/educacional em sua inserção no contexto sociocultural; valorizar a docência como atividade intelectual, crítica e reflexiva; considerar a ética como fator fundamental na formação e na atuação docente.

São Paulo, 21 de fevereiro de 2012
Selma Garrido Pimenta
Coordenadora

Prefácio

Prefácio

Sem dúvida, as autoras provocam-nos de um modo muito instigante com o título dado a este livro sobre o desenvolvimento da criança: temos muito a aprender com a criança, inclusive para conhecermos mais sobre nosso processo de nos tornarmos pessoas. E quem nos vai apontar isso são pesquisadoras com vasta experiência profissional e produção no campo do desenvolvimento e da educação de crianças.

Ao longo dos capítulos, as autoras levam-nos a pensar de onde viemos, que fatores estariam envolvidos em nosso desenvolvimento, o que é meio, como se dá a interação dos fatores orgânicos e culturais, e muitos outros temas. A partir disso, são apresentados dados de pesquisa na Psicologia sobre o "incrível bebê" e a presença do brincar, aprender e ensinar como práticas evoluídas na cultura e que medeiam, desde cedo, a formação das formas humanas mais preciosas de ação da criança, formas estas em que estão intricadas à afetividade, à motricidade, ao raciocínio e à linguagem.

O processo de construção social do desenvolvimento infantil, que é feito de forma conjunta e recíproca com parceiros diversos com os quais a criança tem uma relação afetiva de acolhimento e estímulo, é o foco de leituras de trabalhos de diferentes pesquisadores para assegurar a compreensão de seus mecanismos, suas formas de relacionar-se com variáveis biológicas e sociais. Para tanto, dados de observação de crianças em diferentes contextos e a leitura crítica da literatura da área são objeto de reflexões das autoras, preocupadas em construir um olhar da Psicologia que se mostre histórico, dialógico, crítico.

A leitura do livro remete-nos a pensar a importância de termos um olhar investigativo, não sectário, mas que tome o ser humano como constituído de elementos orgânicos que provocam e são provocados por condições sociais e culturais presentes e em mudança em determinado ponto da história de uma cultura e sociedade. Seguramente, isso amplia o diálogo com pesquisadores e profissionais de outras áreas e ilumina novas alternativas para fazer avançar a educação e o cuidado de crianças desde seu nascimento.

Boa leitura!

Zilma de Moraes Ramos de Oliveira

Capítulo 1

POR QUE APRENDER COM A CRIANÇA

Por que aprender com a criança

*Na língua A'uwê-Xavante,
"aprender" e "ensinar" se traduzem
pela mesma palavra – waihu'u –
que também significa "saber" ou "conhecer".*
(Nunes, 1999)

1. Aprender e ensinar

É impossível aprender sem ensinar ou ensinar sem aprender. Essa é uma tradução simples da concepção sociointeracionista a respeito do desenvolvimento e da construção do conhecimento. Mais recentemente, essa concepção vem sendo denominada "sociointeracionista-construtivista", para enfatizar a noção de que o conhecimento e o desenvolvimento são processos históricos, são construções sociais que se dão no tempo – o tempo da vida individual e o da história humana. É essa concepção que orienta a construção (que também é histórica e interacional) deste livro.

O desenvolvimento humano é um processo de construção social que se dá por meio das múltiplas interações que se estabelecem entre um indivíduo, desde seu nascimento, com outras pessoas, e particularmente com aquelas com as quais ele mantém vínculos afetivos. Essas interações ocorrem em

> Veja capítulos:
> A primeira relação afetiva
> e Há mais gente lá fora.

ambientes organizados e modificados pelo grupo social imediato, conforme as concepções sobre desenvolvimento e educação infantil próprias da cultura desse grupo, que por sua vez foi apropriada pelos membros do grupo por meio de suas próprias experiências. Cada pessoa interage com a criança e organiza seus ambientes conforme as representações e expectativas que tem sobre aquela criança, sobre seu desenvolvimento e sobre seu papel com relação a ela. Essas representações e expectativas são construídas pelas experiências de vida em um meio sócio-histórico particular; portanto, o processo de construção da identidade, da subjetividade, do conhecimento, da linguagem, tem as marcas do contexto sócio-histórico em que ocorre.

Reciprocamente, a interação da criança com seus parceiros sociais também os constitui em seus papéis em relação a ela, construindo novos aspectos da identidade desses parceiros e do meio em que convivem. Não se pode falar em desenvolvimento no sentido individual e linear, de uma só pessoa, pois nesse processo estão envolvidos múltiplos atores, com suas características e necessidades próprias, todos participando ativamente do processo. Quando nasce um bebê, nascem também uma mãe, um pai, um irmão, avós, tios etc. Ao jovem universitário que sai de casa para viver em uma república corresponde uma mulher que atingiu a meia-idade, vê perder relevância o papel de mãe que tinha sustentado sua identidade até então e pode entrar em crise, perguntando-se: "Quem sou eu?" Ao jovem que luta para ascender profissionalmente pode corresponder um pai que está enfrentando a crise da aposentadoria e se faz a mesma pergunta. O desenvolvimento *não é* um processo delimitado e dirigido para determinado fim: a transformação da criança em um adulto. Ele se dá durante todo o ciclo da vida, desde a concepção até a morte, por meio de transformações que, em qualquer fase da vida, envolvem ganhos e perdas, ascensão e declínio. É um processo contínuo de estruturações, desequilíbrios e reestruturações na busca da própria identidade. O conceito de crise, fundamental para entender esse processo, implica exatamente a necessidade de abandonar um equilíbrio anterior e seguro, em busca de uma nova reestruturação.

Em qualquer desses momentos, o desenvolvimento se dá em contextos sócio-históricos particulares, na rede de relações e no jogo de interações em que significados e papéis são atribuídos reciprocamente pelos participantes. Ensinar e aprender são faces inseparáveis do mesmo processo, a interação social, que constitui um ser humano ao longo de toda a sua vida.

2. O bebê e o outro

Seres humanos nascem muito imaturos do ponto de vista motor e, portanto, extremamente dependentes do outro ser humano para sua sobrevivência. É por intermédio do outro que a criança tem suas necessidades básicas atendidas, bem como acesso ao mundo, a seus significados e a formas de lidar com ele. Essa condição de dependência tem uma grande vantagem: a possibilidade de ajustar-se com flexibilidade

> Veja capítulo:
> De onde viemos?

a diferentes meios físicos e sociais, a diferentes línguas, culturas, modos de perceber e de interagir com o mundo. Uma vez que a cultura é parte essencial do ambiente humano, essa possibilidade está intrinsecamente ligada ao modo humano de adaptação, no sentido biológico do termo.

Por outro lado, o recém-nascido humano apresenta, desde o nascimento, uma organização comportamental que evoluiu com a espécie, e que favorece seu contato emocional e sua comunicação com outros seres humanos. Ele participa ativamente dessas relações, por meio de seu olhar, suas vocalizações, seus gestos e expressões, aos quais seu ambiente social responde e que, por intermédio dessas respostas, diferenciam-se em comportamentos culturalmente ajustados. Pode-se dizer que, ao nascer, um bebê é um ser humano genérico, que responde a qualquer língua e a diferentes formas de contato social culturalmente prescritas; é na interação com seu meio social que essa generalidade potencial será particularizada em uma individualidade pertinente a determinada cultura.

> Um quadro vazio, no qual se pode inscrever qualquer coisa.

A perspectiva interacionista foge, tanto de um inatismo estrito, no qual se pensa o desenvolvimento como determinado de dentro para fora, por maturação de funções e processos geneticamente determinados, como de um ambientalismo radical, que pensa a criança como uma *tabula rasa*, sobre a qual o ambiente pode imprimir arbitrariamente qualquer tipo de marca, em um desenvolvimento de fora para dentro. Ao nascer, o bebê traz consigo uma organização que é fruto de milhares de anos de história evolutiva. Conhecer um pouco a respeito dessa história

> Veja capítulo:
> De onde viemos?

contribui para a superação de dicotomias como natureza-cultura, inato-adquirido, genes-ambiente: nossa história evolutiva envolve inseparavelmente o que costumamos chamar de natureza e de cultura; o que aprendemos é circunscrito, ou seja, possibilitado e ao mesmo tempo delimitado, pela bagagem genética humana; genes só podem operar em um ambiente, e um ambiente só tem sentido e eficácia em função da carga genética do organismo que interage com ele. Ambientes são diferentes para espécies geneticamente diferentes. Em um sentido muito concreto, o filhote de qualquer ser vivo seleciona o ambiente que é relevante para ele: no nosso caso, como veremos no decorrer deste livro, o outro ser humano.

Veja capítulo:
O incrível bebê.

Na relação com o outro, a busca da própria identidade envolve um processo dialético de fusão e diferenciação: a cada momento, o indivíduo enfrenta o conflito entre a busca do familiar, que lhe dá segurança, com o qual se identifica, mas que às vezes o oprime, e a atração do desconhecido, que pode provocar medo, mas abre novos caminhos. Nesse enfrentamento se dá o processo de individuação, a constituição do indivíduo como uma pessoa, a partir do ser humano genérico que foi gerado no momento da concepção.

Veja capítulo:
A primeira
relação afetiva.

3. Processos e produtos

Na história da Psicologia, as primeiras tentativas de compreender a surpreendente transformação de um bebê em um adulto envolveram frequentemente o estabelecimento de estágios de mudança.

Envolveram também, por motivos práticos, a compartimentalização do processo de desenvolvimento em setores: desenvolvimento motor, sensoperceptual, cognitivo, socioafetivo etc. Alguns autores se concentraram em cada um desses setores, procurando delimitar suas etapas de transformação, na tentativa de descrever e normatizar esse processo. Vêm daí as noções valorativas de atraso de desenvolvimento, de precocidade e de desenvolvimento "normal", independentemente de seu contexto sócio-histórico.

Neste livro, procuramos superar esses dois recortes, embora incorporando as contribuições dos autores que os adotaram. A noção de estágios é útil para certas finalidades, como avaliação e diagnóstico: uma criança de um ano e meio já está andando ou não? Isso sinaliza a necessidade de alguma intervenção? Por outro lado, pode ser totalmente inadequada quando nos perguntamos a respeito do desenvolvimento como processo: em certas culturas, o andar é retardado ou antecipado pelas práticas de criação adotadas, e essa temporalidade é (ou não é) compatível com outros aspectos da interação da criança com seu ambiente. O bebê não é rigidamente programado para sentar, andar ou falar em momentos definidos de sua vida: há uma flexibilidade que é modulada pelo ambiente físico e social, em função das concepções e das necessidades desse ambiente. Da mesma forma, o desenvolvimento não é um processo compartimentalizado: as competências motoras não se desenvolvem independentemente do emocional, do cognitivo ou de qualquer outro aspecto. Ao contrário, cada um desses aspectos afeta e se integra aos outros. Por exemplo, é comum que uma criança muito precoce do ponto de vista motor apresente um desenvolvimento mais lento de linguagem e vice-versa, como se o investimento feito em um aspecto modulasse o outro. Em nossa abordagem, por causa da própria premissa de que o desenvolvimento se dá no social, a estrutura dos capítulos privilegia essa dimensão: em cada um deles, a ênfase é sobre o contexto social de parceiros adultos ou crianças no qual as transformações ocorrem.

A pergunta mais interessante sobre desenvolvimento não é "quando" ou "o quê", e sim "como": a compreensão dos processos por meio dos quais o desenvolvimento se dá é que pode lançar luz sobre o modo humano de se desenvolver. O que quer dizer isso? Quando sustentamos que a constituição do indivíduo se dá na interação social em um contexto sócio-histórico, não estamos definindo produtos, e sim o processo. Desvendar seus detalhes, seus mecanismos, suas formas de relação com variáveis sócio-históricas são as perguntas mais relevantes para compreender o desenvolvimento – o que não significa que descrições de estágios ou aspectos resultantes do processo (produtos) não possam ser contribuições importantes para a exploração dessa pergunta. Nesse sentido, procuramos incorporar também as contribuições de pesquisadores que partiram de outras perspectivas, relendo-as a partir de nossa forma de abordagem.

4. O que sabemos e com quem aprendemos

A Psicologia Científica, que nasceu no século XIX, baseava-se principalmente em introspecção e relato verbal para aprender com seus sujeitos sobre processos de cognição, percepção, emoção. Para descobrir o mundo psicológico da criança, a Psicologia não pôde depender apenas de relatos verbais: quando ainda não fala – e mesmo depois disso –, é ao agir que a criança nos ensina. Todas as grandes contribuições de teóricos da Psicologia à área de desenvolvimento se fundamentaram, em alguma medida, na observação, seja em situação natural, seja em laboratório, seja na clínica: Piaget, Wallon, Spitz, Klein, Bowlby, Winnicot, Vigotski, Bronfenbrenner e tantos outros pesquisadores cujas contribuições compõem nosso conhecimento sobre a criança e o processo de desenvolvimento, ainda que a partir de perguntas e de referenciais teóricos diferentes, observaram crianças e aprenderam com elas. Seja no papel de pesquisadores, seja de pais, seja de educadores, aprendemos ao observar, ensinamos ao aprender, aprendemos ao ensinar.

Este livro não é um manual sobre psicologia da criança de zero a seis anos. É uma oferta de compartilhamento do que temos aprendido com as crianças que observamos, com a leitura crítica da literatura da área, com as disciplinas que ministramos e com nossas reflexões a partir desse enorme conjunto de interações.

Capítulo II

DE ONDE VIEMOS?

De onde viemos?

*É evidente que o homem não é constituído por duas
fatias sobrepostas,
uma bionatural e outra psicossocial [...]
é evidente que cada homem é uma totalidade
biopsicossociológica.*
(Morin, 1975)

É o final da estação seca em Laetoli, na Tanzânia, no continente africano; nas últimas duas semanas, o Vulcão Sadiman esteve expelindo nuvens de cinza. Chuvas breves e esparsas umedeceram as cinzas recém-caídas, formando pequenas crateras e deixando o solo pronto para imprimir pegadas nítidas. Lebres, galinhas, elefantes, porcos, um tigre, babuínos e outros animais passaram por ali e deixaram suas marcas. Por ali passaram também três hominídeos: um indivíduo grande, provavelmente macho, seguido por um menor e por outro mais jovem, que saltitava a seu lado. O sol endureceu as cinzas, preservando as pegadas até que, mais de 3,5 milhões de anos depois, elas foram descobertas sob a areia pela arqueóloga inglesa Mary Leakey, que, como todos nós, é uma descendente longínqua, direta ou indireta, dessa família ancestral. São as mais antigas pegadas de ancestrais humanos já encontradas e nos mostram que, há 3,7 milhões de anos, hominídeos caminhavam eretos e a passos largos, como fazemos hoje.

> Nome da família à qual pertence o ser humano atual (*Homo sapiens sapiens*) e seus ancestrais identificados.

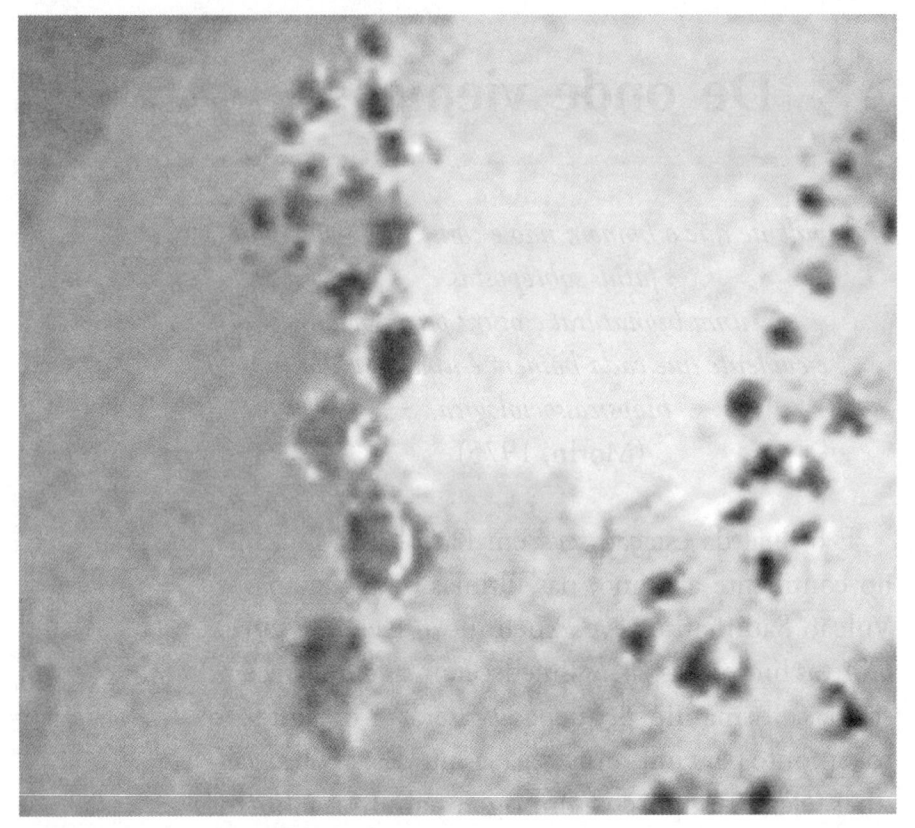

Figura 1 – As pegadas de Laetoli

Pouco mais de 50 anos atrás, no início da segunda metade do século XX, outro descendente dos hominídeos de Laetoli deixou, por sua vez, suas pegadas na Lua. Esse feito é consequência de uma característica básica que marcou a história da espécie humana e que cada ser humano compartilha ao longo dessa história: a curiosidade que todos os seres humanos têm a respeito de si próprios e de suas relações com o mundo, e que leva cada um de nós a perguntar, em algum momento da vida, de onde viemos.

Figura 2 – As pegadas na Lua

1. Bilhões de anos revistos em poucos minutos

Em algum momento em um passado tão longínquo que mal conseguimos conceber, entre 10 e 20 bilhões de anos atrás, uma grande explosão, o *Big Bang*, deu origem ao que chamamos Universo: toda a matéria e energia que hoje o constituem, até então comprimidas em uma esfera infinitesimalmente pequena e infinitamente densa e quente, iniciaram um processo de expansão e de queda da temperatura de radiação que ainda está em curso. Não podemos determinar se houve eventos desencadeadores da explosão e, portanto, no modelo científico do Universo mais validado atualmente o tempo e a história começaram com o *Big Bang*. A descoberta de que o Universo está em expansão foi uma das grandes revoluções intelectuais do século XX, demolindo a crença até então muito arraigada em um Universo estático e imutável. Não é fascinante pensar que todos esses bilhões de anos são um momento ou uma fase na história do Universo, da mesma forma que o crescimento é uma fase na vida do ser vivo, em uma dimensão de tempo infinitesimalmente menor?

Comparada ao tempo do Universo, nossa Terra é muito jovem (cerca de 4,5 bilhões de anos) e a vida, ainda mais recente, mais ou menos 3,5 bilhões de anos. O homem atual (*Homo sapiens sapiens*) tem cerca de 100 mil anos e o modo de vida moderno, iniciado com a agricultura e o sedentarismo, apenas 10 mil. Faz pouco mais do que isso que os primeiros homens chegaram à América, dando origem aos povos indígenas que, muitos séculos mais tarde, misturaram-se a europeus e africanos para formar o povo brasileiro. Assim, tanto no espaço como no tempo, a Terra, a vida, o ser humano e sua história são pontos infinitesimais na imensidão do Universo e momentos infinitesimais na história de sua contínua transformação.

Você já parou para pensar quanto tempo e quantas experiências malsucedidas (agregados de moléculas que falharam em manter sua estabilidade ou em se reproduzir) provavelmente foram necessários para o surgimento da vida e para as transformações que, a partir de organismos unicelulares, produziram toda a variedade de formas vivas, entre as quais nós mesmos? Se ainda não tinha pensado, pense agora: muito, muito tempo e transformação contínua são noções centrais que aprendemos com a história do Universo e da natureza e que são essenciais para nos situarmos e nos compreendermos como parte deles. Tudo o que existe e que conhecemos – inclusive os seres humanos e suas sociedades e culturas – são momentos de estabilidade ou de organização em um ciclo de agregação e desagregação, de ordem e de caos, de expansão e de retração que, tanto quanto sabemos, pode terminar em um novo colapso do Universo (o *Big Crunch*, previsto pela teoria da Física moderna) ou em um buraco negro.

Mas, enquanto isso não acontece, podemos voltar um pouco no tempo e contemplar a Terra há 65-70 milhões de anos, no momento em que sua paisagem foi despovoada de dinossauros e abriu espaço para a ascensão dos mamíferos e da ordem dos primatas, à qual pertencem os seres humanos.

2. Os primatas

Os primeiros primatas eram animais pequenos, mais parecidos com um rato do que com um macaco, a maioria com hábitos noturnos e cuja evolução se caracterizava pela adaptação à vida arbórea, onde se alimentavam de frutos e insetos.

A adaptação às árvores explica várias características importantes dos primatas, que por sua vez têm consequências na evolução humana:

- as mãos e os pés preênseis, com unhas chatas e polegar em oposição aos outros dedos, o que melhora a capacidade de manipulação de objetos;
- a posição dos olhos na frente da cabeça, permitindo a visão binocular (estereoscópica, ou de profundidade), em que a imagem recebida pelos dois olhos é integrada no cérebro em uma única imagem;
- paralelamente ao desenvolvimento da visão, a redução na região olfativa do cérebro e encurtamento do focinho, permitindo a expansão de outras áreas cerebrais, principalmente o córtex, e exigindo a expansão da caixa craniana para acomodar um cérebro maior;
- este, por sua vez, traz um aumento de inteligência, de curiosidade e de atividade que, associado à flexibilidade e agilidade dos membros, torna o primata um animal rápido e ativo.

Dá para antever o futuro ser humano nessa descrição? A evolução das mãos, dos olhos e do cérebro são três aspectos básicos da evolução primata que vai conduzir ao homem. Há mais um aspecto fundamental: a evolução da vida social, à qual vamos voltar mais adiante.

Há 20 milhões de anos, aproximadamente, já se encontrava uma variedade de primatas, inclusive grandes antropoides, habitantes de florestas densas, com árvores de grande porte, que atapetavam uma boa parte da região tropical onde viviam esses animais. Mais ou menos nessa época ocorreu uma mudança climática que determinou novos rumos para a evolução primata: uma extensa seca escasseou as florestas, reduziu o porte das árvores e fez surgir um tipo de vegetação que hoje chamamos savana, caracterizada por gramíneas e outras plantas rasteiras, com pequenas árvores ou arbustos esparsos. Os primatas, principalmente os de grande porte, foram obrigados a competir pelas florestas remanescentes ou descer das árvores e adaptar-se à vida no chão, mais arriscada do que aquela e menos rica em alimentos. Esse novo modo de vida exige mais da visão estereoscópica e da audição como recursos de proteção contra predadores; o alimento concentrado em locais distantes entre si agrega grupos de animais, antes mais dispersos; o grupo coeso também é uma proteção mais eficiente para animais pouco dotados de armas de defesa.

Atualmente, pensamos que a descida das árvores por um ou mais grupos primatas anteriormente adaptados a elas foi o passo inicial da evolução que resultou em duas linhagens de primatas não arbóreos: os simiescos, como babuínos e alguns grandes antropoides, e os hominídeos. Isso ocorreu na África Oriental, hoje comprovadamente o berço da humanidade: "Eva", provavelmente, tinha a pele negra, o que não deixa de ser uma boa lição contra o preconceito... Segundo descobertas recentes, ainda a serem comprovadas, também a primeira brasileira, Luzia, era negra.

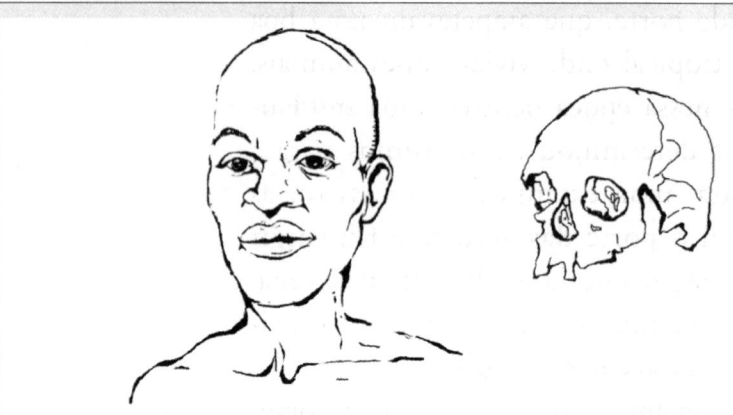

Figura 3 – Luzia

Luzia, a primeira brasileira

A origem dos habitantes nativos da América continua muito controvertida, como muitas outras hipóteses sobre a história evolutiva do homem. Em meados da década de 1970, foi divulgada uma hipótese baseada na descoberta de restos fósseis no sítio arqueológico de Lagoa Santa, em Minas Gerais. A análise multidisciplinar, e por meio de diversas técnicas, de um crânio encontrado nesse sítio indicou que esse espécime seria o mais antigo ser humano já encontrado no continente americano, com idade entre onze e dezesseis mil anos. O crânio, que pertenceu a uma mulher de vinte a 25 anos que foi chamada de Luzia, questionou a ideia corrente de que os primeiros habitantes da América e do Brasil teriam origem mongólica como nossos índios, e teriam entrado no continente pelo Estreito de Bering durante uma idade glacial.

Luzia tem características negroides, mais parecidas com as de africanos e australianos antigos do que com as de índios americanos. Isso sugere que a América foi ocupada inicialmente por populações anteriores à definição morfológica do tipo humano mongoloide, e que teriam sido substituídas por imigrantes mongoloides em época mais tardia. Como teriam chegado aqui essas primeiras populações? Teoricamente, seria possível a vinda pelo oceano, a partir das ilhas do Pacífico, cujos povos têm tradição de navegação. Não há fósseis indicando essa passagem, mas essa possibilidade foi a origem de uma experiência fascinante, relatada no belo livro de Thor Heyerdahl sobre a expedição Kon-Tiki: esse norueguês atravessou o Pacífico, em uma balsa construída de forma idêntica à utilizada pelos antigos nativos da Polinésia, em uma tentativa de demonstrar a viabilidade dessa hipótese. Mais um exemplo da inquietude humana sobre suas origens e da necessidade de desafiar os limites do conhecimento [...].

A partir da África nossos ancestrais se espalharam pelos demais continentes em pelo menos duas diásporas: *Homo erectus,* há cerca de 1 milhão de anos, e *Homo sapiens,* nos últimos 40 mil anos.

Diáspora: *Homo erectus*
1 milhão de anos

Diáspora: *Homo sapiens*
15-40 mil anos

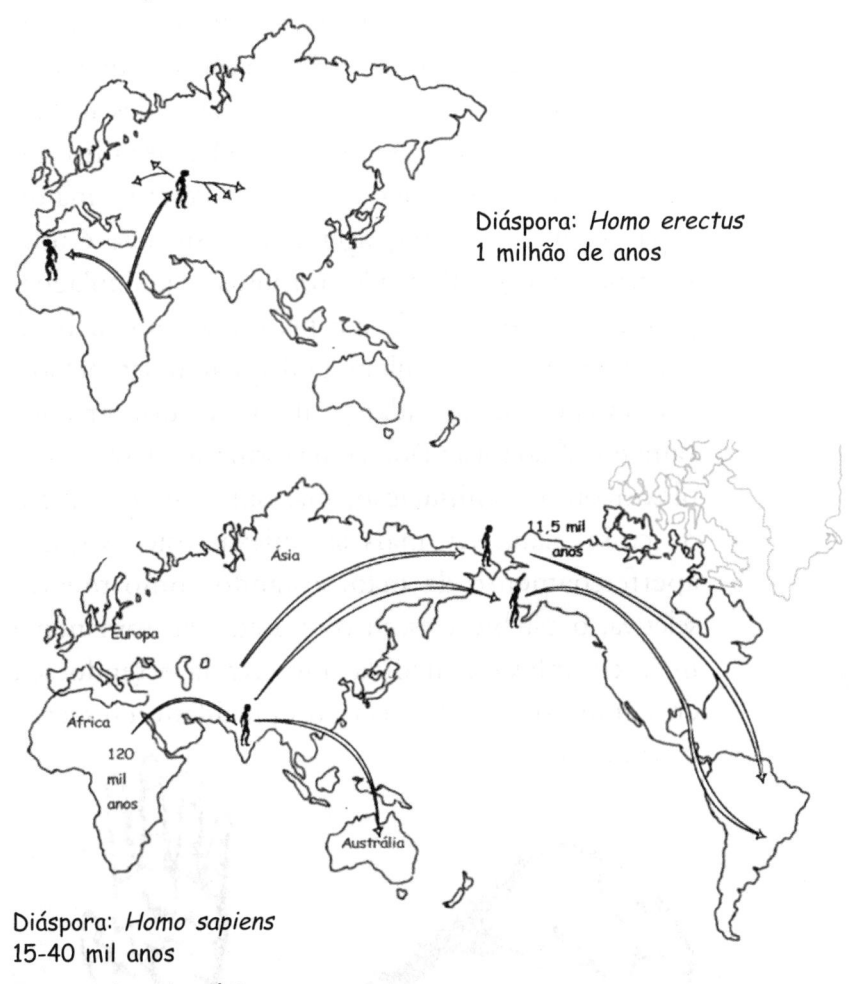

Figura 4 – As diásporas

Tais como os babuínos, que também são primatas de campo aberto (savana), os ancestrais do homem tiveram de desenvolver soluções para a sobrevivência na savana, mas suas soluções foram diferentes das dos babuínos: o bipedismo, o aperfeiçoamento da mão como órgão manipulador, o desenvolvimento do cérebro e a complexificação da vida social.

Costuma-se dizer que a postura bípede libertou as mãos para as funções manipulativas, as mãos libertaram o maxilar, a verticalização e a liberação do maxilar libertaram a caixa craniana das limitações mecânicas que agiam sobre ela, permitindo-lhe alargar-se para acomodar um cérebro maior, capaz inclusive de linguagem. Mas isto não é uma sequência temporal: a mão tornou-se manipuladora porque o homem ficou em pé, ou o homem ficou em pé porque disso resultava poder manipular melhor? Na verdade, cada mudança afetou a outra gradativamente. Não foi a mão, na sua forma atual, que complexificou a manipulação, mas sim a manipulação de coisas cada vez mais complexas que exigiu o aperfeiçoamento da mão, atuando como pressão seletiva; o cérebro cresceu com a cultura, tornando-a mais complexa à medida que crescia e tendo seu crescimento exigido pela complexidade crescente da cultura.

Figura 5 – Mãos primitivas

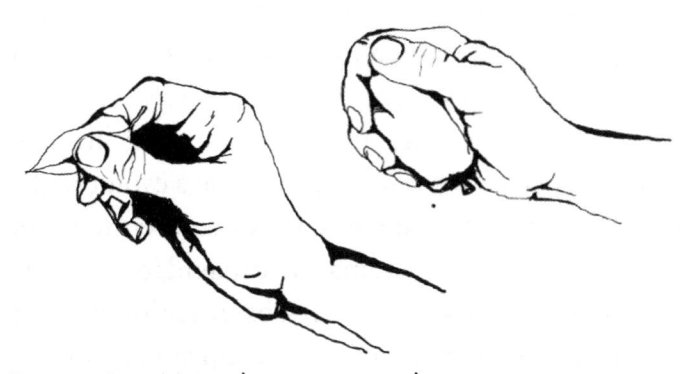

Figura 6 – Mãos humanas modernas

Não é o homem, na sua forma física atual, que de repente se liberta da natureza e, com sua inteligência, cria a linguagem, a sociedade, a cultura, a técnica. Ao contrário, são a natureza, a sociedade, a cultura, a inteligência, a linguagem e a técnica que gradativamente criam o homem ao longo de um processo de milhares de anos de seleção natural-cultural. A cultura é parte do processo de evolução biológica do homem e vice-versa; ao longo da evolução, ela criou o cérebro que a cria. Homem e Natureza se pertencem, como penosamente estamos descobrindo com os avanços da consciência ecológica.

A esta altura, talvez você esteja se perguntando: tudo isso é muito interessante, mas o que tem a ver com o tema deste livro? Se você se lembra do que aprendeu sobre Teoria da Evolução nas aulas de Biologia, deve entender que, da mesma forma que um órgão só pode ser testado em sua adequação ao ambiente por meio de seu funcionamento, um organismo só pode ser testado em sua relação com o meio por intermédio de seu comportamento: de nada adianta a um predador ter grandes garras ou dentes

> Se não se lembra disso, veja *box*: Lembrete sobre o processo que possibilita essas transformações.

Como se verá repetidamente ao longo deste livro, admitir bases biológicas do comportamento e dos processos psicológicos não implica inatismo ou determinismo genético. A seleção natural atua sobre o sistema constituído pela interação entre o fenótipo e o ambiente, não sobre o genótipo. O fenótipo, por sua vez, é o resultado da interação genes-ambiente. Genes são informações que só podem ser decodificadas em um ambiente, com maior ou menor flexibilidade de "interpretação". As dicotomias "inato-adquirido" ou "genético-ambiental" são simplificações rudimentares, que ignoram a complexidade dessas interações e a interdependência recíproca dos fenômenos interagentes.

poderosos se não dispuser de um sistema sensorial, perceptivo, motivacional, que o oriente na busca e apreensão da presa; em muitos casos, se não dispuser de processos de aprendizagem que lhe permitam treinar suas habilidades de caça; a evolução dos dentes e garras tem de se dar concomitantemente à evolução desses sistemas e capacidades. Tanto quanto os órgãos, os processos psicológicos são sujeitos à seleção natural e é seu funcionamento na interação com o meio que permite a ação da seleção. Conhecer a história da evolução humana é uma forma de obter pistas sobre as pressões seletivas que contribuíram para a constituição das bases biológicas dos processos psicológicos humanos e sobre a natureza e função desses processos.

Lembrete sobre o processo que possibilita essas transformações

Qualquer brasileiro que tenha concluído o Ensino Médio, ou mesmo o segundo ciclo do Ensino Fundamental, já ouviu falar de Darwin, de Teoria da Evolução e da Seleção Natural em suas aulas de Biologia. Esse conhecimento, no entanto, nem sempre é assimilado de forma suficiente para permitir a compreensão de suas implicações sobre as origens da vida e do ser humano. Uma pequena revisão pode ser útil neste momento.

Qual é a grande contribuição de Darwin? Em sua época, a ideia de evolução das espécies, em contraposição à crença corrente de que todos os seres vivos tinham sido criados em sua forma presente, já estava efervescente. Ao longo de anos de pesquisa e de reflexão, Darwin sintetizou algumas ideias fundamentais para essa polêmica:

- a variabilidade dos seres vivos de cada espécie;
- um processo gradual (ao longo de dezenas, centenas, milhares ou milhões de anos) de seleção das variações mais adaptadas (mais adequadas para sobreviver e procriar em seus ambientes), ao longo das gerações, por meio da reprodução e sobrevivência diferenciais dos mais adaptados (conceitos de seleção natural por sucesso reprodutivo, e de adaptação);

> - em decorrência dessa seleção, a transformação das espécies de forma não teleológica, isto é, não dirigida por uma força superior para uma finalidade de progresso, mas apenas por sua adaptação a seus ambientes de vida.
>
>> Se examinarmos a história da vida na Terra, detectaremos um aumento constante da complexidade dos organismos vivos. Com frequência diz-se que há uma progressão das formas de vida "inferiores" para as "superiores". Darwin não apreciava o uso desses termos, pois implicam posições inferiores e superiores numa mesma hierarquia. Em vez disso, é preferível encarar as espécies, por mais simples ou complexas que possam ser, como aptas a um tipo particular de vida, num meio ambiente particular (Leakey, 1981, p. 29).
>
> Concebido dessa forma, o processo de evolução dos seres vivos integra duas ordens causais diferentes e independentes: a Seleção Natural (ou seja, o teste da adaptação ao meio) é a causa da permanência das variações mais adaptadas, e, portanto, das transformações dos seres ao longo das gerações; mas não é responsável pela existência das variações, que obedece a outro mecanismo causal. Darwin não conhecia esse mecanismo, pois a genética de Mendel só se tornou conhecida mais tarde: são os processos de mutação e de recombinação gênica que dão origem à variabilidade, sobre a qual a seleção pode atuar. A contribuição de Mendel foi integrada à de Darwin no que é chamada Teoria Sintética da Evolução, base da Biologia moderna.

Em segundo lugar, mas não menos importante – e talvez até mais –, essa perspectiva permite situar temporalmente os vários aspectos da evolução, evidenciando sua concomitância e seus efeitos recíprocos. Examine o *Homo habilis* na figura seguinte. Se você o encontrasse na rua um dia destes, o que pensaria: é gente ou um grande macaco? No entanto, os achados arqueológicos indicam que este ancestral longínquo, meio focinhudo, de testa estreita e massa cefálica menor do que a de alguns grandes antropoides atuais, usava instrumentos de pedra. É provável que o *Australopithecus*, seu contemporâneo, também usasse instrumentos, não fabricados por ele, mas em

> Veja *box*: Fenômenos protoculturais.

estado bruto, como os encontrava na natureza: as mãos desses nossos ancestrais já eram capazes de preensão e utilização de instrumentos, como ocorre com diversos primatas não humanos que conhecemos; e as pegadas de Laetoli sugerem que essas criaturas formavam grupos familiares. Veja também, na mesma figura, o *Homo sapiens neanderthalensis,* que não é um ancestral direto nosso, e sim uma linhagem extinta. Apesar de sua aparência bastante semelhante ao ser humano moderno, não há indícios decisivos de que ele apresentasse a linguagem articulada que caracteriza o *Homo sapiens sapiens;* no entanto, os sítios arqueológicos em que se encontraram seus restos revelam um alto grau de habilidade tecnológica pela quantidade e qualidade de suas ferramentas; e há indícios de ritos funerários elaborados, com deposição de flores e outros objetos junto aos corpos dispostos de formas características, que sugerem significados culturais compartilhados. É isso que significa dizer que a cultura evolui ao mesmo tempo que a anatomia humana, e ambas exercem pressões seletivas mútuas.

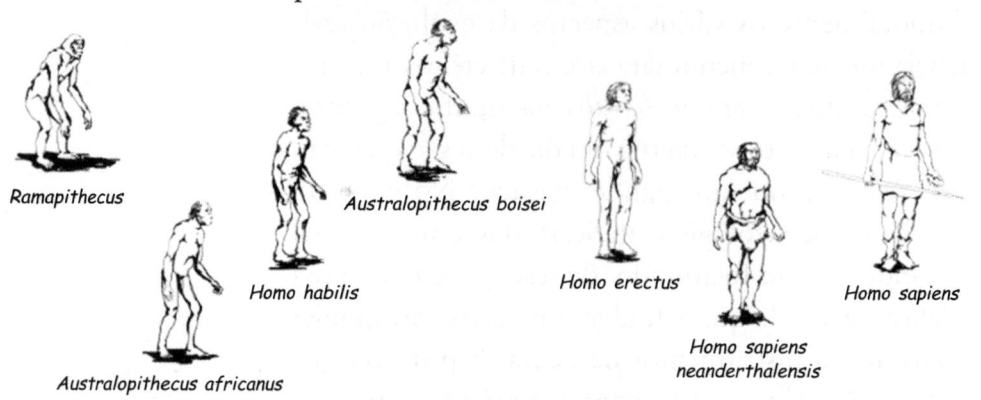

Figura 7 – Árvore genealógica humana

Fenômenos protoculturais

Evidências de hábitos e habilidades transmitidos de geração a geração existem para diversas espécies primatas: lavar batatas ou grãos de trigo na água do mar (macacos japoneses), preparar varetas a partir de galhos de árvores para pescar cupins em seus ninhos, utilizar folhas como recipientes para água, usar pedras para quebrar castanhas (chimpanzés). Essas manifestações podem ser chamadas proto (ou pré) culturais, porque não caracterizam um modo de vida essencial para a espécie, como se dá no caso do ser humano; indicam, no entanto, a presença de mecanismos que, já antes da diferenciação entre linhagens de símios e de hominídeos há mais de 6 milhões de anos, possibilitaram a evolução do modo de vida cultural.

Pesquisadores brasileiros estão estudando a aprendizagem social de um fenômeno desse tipo em macacos-prego, uma espécie de macacos do Novo Mundo: a quebra de cocos com pedras.

> Para quebrar cocos, os animais utilizam uma superfície dura e razoavelmente plana (a "bigorna") sobre a qual ajeitam o fruto [...]. Os animais golpeiam o coco sobre a bigorna com outra pedra (o "martelo") repetidas vezes até que a casca do fruto se rompa [...]. Quanto mais experiente for o indivíduo, menos batidas são necessárias para abrir o coco (Resende; Ottoni, 2002, p. 176).

A aprendizagem da quebra do coco é gradual: os filhotes inicialmente mostram muito interesse pelas pedras e pelos cocos; mais tarde tentam quebrá-las com ferramentas inadequadas (martelo pequeno, bigorna escorregadia); a tolerância de outros indivíduos do grupo facilita a aprendizagem por observação e manipulação exploratória.

Falar em cultura implica necessariamente falar em vida social.

3. Vida social

A evolução humana não se processou em uma única linha: diversas linhagens coexistiram, foram até vizinhas, e se extinguiram; não são, portanto, nossos ancestrais, apenas nossos parentes da família Hominidae. As características básicas da evolução primata e da humana estão presentes em graus variáveis de especialização nessas várias linhagens.

Da mesma forma que pensamos a linguagem, a cultura, a inteligência, como integrantes do processo de evolução biológica, e não como consequências tardias desse processo, também o comportamento social e a organização social humana devem ser vistos nessa ótica. Quase todos os primatas têm uma orientação social, mas praticamente nenhum apresenta as características de cooperação e interação social intensa que caracterizam o ser humano, principalmente no plano da comunicação. Supõe-se que tenha sido a economia de caça e coleta, associada à partilha de alimentos, que desenvolveu tão elaboradamente a sociabilidade humana.

Nossos primos primatas são amplamente (embora não exclusivamente em alguns casos) vegetarianos. Mesmo os que comem carne só o fazem raramente. Os primatas são animais profundamente sociais, mas uma existência baseada em alimentação vegetal tende a tornar os membros do grupo egoístas e não cooperativos em termos de alimentação. Apesar das interações sociais intensas que têm lugar no grupo, e apesar de existir como que uma consciência de grupo na busca de alimentos, ser vegetariano é ser essencialmente solitário; cada indivíduo arranca as folhas de um galho, ou pega os frutos de uma árvore e os come de imediato. Não existe entre nossos parentes próximos uma alimentação comunitária ou uma partilha habitual de alimentos. Há algumas exceções significativas: por exemplo, quando chimpanzés capturam um jovem babuíno, ou outro animal, podem repartir sua presa, mas não o fazem de forma ativa. Os caçadores bem-sucedidos não retornam à sua base para dividir a presa com os outros membros da tropa; só a repartem se houver muita insistência por parte de um companheiro que não participou da caçada.

Quando nossos ancestrais enveredaram pela caça e coleta, uma das principais alterações em seu modo de vida foi a adoção da partilha de alimentos que, segundo diversos autores, abriu o abismo comportamental entre seres humanos e outros primatas.

Pode-se supor, com base em indícios fósseis e no modo de vida de caçadores-coletores ainda sobreviventes, que nossos ancestrais, embora nômades como outros primatas, fixassem acampamentos temporários, onde as crianças podiam ser cuidadas, e para onde eram levadas e partilhadas as plantas alimentícias e a carne caçada ou encontrada (carniça deixada por outros predadores). O acampamento constituía um importante foco social, onde havia uma divisão de trabalho entre homens e mulheres (eles principalmente caçando, e elas coletando e cuidando das crianças) e grande necessidade de cooperação, tornando os indivíduos mais dependentes das atividades e da confiança dos outros membros do grupo do que jamais ocorrera no mundo dos primatas. Esse é o modelo básico de sociedade que ainda encontramos em tribos indígenas como as de índios brasileiros descritos pelos irmãos Villas-Bôas.

Figura 8 – Acampamento hominida

A caça e a coleta também remodelaram a vida de nossos ancestrais de outras formas. Os hominídeos caçadores exploravam em uma excursão de caça um território muito maior do que a maioria dos primatas percorre durante toda a vida, e caçavam em grupo, cooperativamente, como os canídeos, um fato que já se correlaciona com a tendência à partilha do alimento. Mas foram o estabelecimento do acampamento-base, a divisão de trabalho e a cooperação na obtenção de alimentos que contribuíram primordialmente para a formação de um grupo social coeso, dentro do qual era possível uma educação prolongada para as crianças, essencial para equipar os indivíduos com as habilidades e conhecimentos necessários para uma vida social complexa e para a economia do grupo.

Há indícios de que há um milhão e meio de anos, quando surgiu o *Homo erectus*, as crianças já eram quase totalmente dependentes até os cinco ou seis anos de idade, tais como hoje. O aumento na dependência dos filhotes já se inicia com os mamíferos, por causa da amamentação, mas mesmo nos primatas mais próximos do homem o período de dependência é bem mais curto.

Pelo menos uma parte da razão para uma infância prolongada nos seres humanos está na conquista evolucionária representada pelo cérebro. O equilíbrio necessário entre a proteção do delicado desenvolvimento do cérebro (especialmente em suas primeiras fases) e o nascimento seguro do bebê exigiu uma espécie de acordo. Um cérebro totalmente desenvolvido por ocasião do nascimento estaria menos exposto aos riscos do ambiente, mas exigiria uma estrutura do canal de nascimento na pelve da mãe que seria incompatível com o andar ereto: em lugar do bambolear característico dos quadris femininos, uma pelve com um canal maior praticamente impossibilitaria o andar; por outro lado, um cérebro menor e mais subdesenvolvido no bebê seria vulnerável demais. A evolução criou uma solução intermediária: a pelve alargada das mulheres permite o nascimento de uma criança com um cérebro relativamente desenvolvido, mas não impede o andar, embora o torne mais lento que o dos homens.

Na ocasião do nascimento, o cérebro do bebê tem cerca de um terço do tamanho adulto, mas todos os elementos de sua estrutura – as células nervosas – estão no lugar. As conexões cruciais entre as células nervosas são estabelecidas nos primeiros anos de vida, e dependem de alimentação e de estimulação ambiental adequadas. Nessa primeira fase, também são estabelecidos os laços emocionais com o grupo social, essenciais para a constituição de um membro de um ambiente sociocultural particular.

Não apenas a infância humana é prolongada, mas traços infantis foram mantidos nos seres humanos adultos por meio de um processo evolutivo denominado neotenia: a forma do crânio e o perfil, a manutenção das motivações de explorar e brincar são características presentes em primatas jovens, que desaparecem com o crescimento, mas que permanecem no caso do ser humano. A infância prolongada também requer um maior investimento parental masculino e feminino; o contato intenso e duradouro com adultos promove as condições para uma nova organização social e tecnológica. É razoável supor que muitas adaptações selecionadas nesse tipo de contexto evolutivo sejam identificáveis no desenvolvimento da criança nos primeiros anos.

> Veja capítulos IV e V.

4. Lacunas e implicações

O fato de que o homem evoluiu como os outros animais, e de que é um primata, parente próximo de chimpanzés e gorilas, está fundamentado em tal riqueza de provas que já não é assunto de discussão. Uma questão diferente é conhecer os estágios dessa evolução. O registro fóssil é incompleto, e sua interpretação nem sempre é simples. Novos achados estão sempre reformulando as hipóteses a respeito das relações entre as espécies e suas origens. Paleontologia, Arqueologia, Geologia, Ciências Biológicas, Antropologia e outras ciências contribuem continuamente para retraçar os caminhos da evolução humana e o lugar do homem na natureza.

Apesar dessas lacunas, não é possível ignorar que evolução biológica e cultural são faces inseparáveis da história humana. O modo de vida sociocultural decorre de cérebros moldados pela seleção natural e, portanto, está ligado às propriedades comportamentais, cognitivas e emocionais dos indivíduos, ou seja, à sua psicologia. A criança nasce em uma condição de dependência que requer que sua gestação seja concluída em um ambiente sociocultural, único tipo de ambiente em que pode se desenvolver. Uma ciência humana integrada requer um enfoque unificado, que articule os conhecimentos da Biologia, da Psicologia e das Ciências Sociais. Assim, pelo mesmo motivo que fundamenta a utilidade e a relevância de se levar em conta a história evolutiva humana e a natureza biologicamente sociocultural do ser humano, é também imprescindível que a análise de processos psicológicos leve em conta os contextos socioculturais e históricos em que estes ocorrem.

Capítulo III

O QUE É MEIO?

O que é meio?

Como vimos no capítulo anterior, o processo de evolução envolve uma relação estreita de interdependência entre organismos e meio, que, além de dimensões físico--químicas, inclui também outros seres vivos. O meio transforma as espécies e cada espécie transforma o meio, tanto para si mesma como para as outras espécies. Mas será que o meio é o mesmo para todos os seres vivos, mesmo quando estão juntos em determinado local? Será que uma definição de meio como conjunto de forças físicas é suficiente para entendermos essa relação de interdependência entre meio e organismo? Que outras características além das propriedades físicas estariam envolvidas nessa relação? Será que o conceito necessário é o de "meio", ou o de "meios"?

Agradecemos a Mara I. Campos de Carvalho, pela cessão de fotos e pela leitura crítica do capítulo.

Ainda que se considerem apenas suas propriedades físico-químicas, é fácil reconhecer que o meio é diferente para cada espécie, dependendo de sua organização sensorial, motora, perceptual etc. Para uma espécie cega, por exemplo, a luz não é parte do meio; para uma espécie que tem o olfato muito desenvolvido, o meio oferece uma verdadeira "paisagem de cheiros", que não existe para espécies menos dotadas nesse aspecto. Da mesma forma que se pode falar de comportamentos característicos ou específicos de cada espécie, pode-se falar em um meio ou ambiente específico da espécie.

Mas essa distinção ainda é muito geral. Há outras distinções úteis em relação ao conceito de meio. Neste capítulo, vamos conhecer as ideias de alguns autores que deram contribuições para um conceito de meio compatível com nossa perspectiva a respeito do processo de desenvolvimento humano.

1. Os meios da criança na teoria de desenvolvimento de Henri Wallon

Henri Wallon, psicólogo e educador francês da primeira metade do século XX, contemporâneo de Piaget, Vigotski, Freud e outros nomes importantes na história da ciência psicológica, adotou a noção evolucionista de interdependência meio-organismo, mas enriqueceu essa concepção salientando que a relação homem-meio deve ser contextualizada tanto nas relações entre natureza e sociedade humana quanto no contexto histórico de evolução das sociedades e das modificações que esse processo introduz no mundo. Considerando que o meio humano é histórico, Wallon entende o desenvolvimento como uma sucessão de modos de relação com diferentes meios ambientes, decorrentes dos meios funcionais (ou recursos) de que, em cada idade ou etapa de desenvolvimento, a criança dispõe em cada microcultura, ou seja, em seu ambiente sociocultural imediato.

Essa definição introduz uma primeira diferenciação na ideia de meio: o meio como ambiente, espaço de ação – ou "campo de aplicação de condutas" – e o meio como recurso ou instrumento de desenvolvimento. Essa diferenciação foi facilitada pelo fato de existirem em francês, língua materna de Wallon, duas palavras diferentes para indicar esses dois sentidos de meio: *milieu*, o meio como espaço de ações, e *moyen*, meio no sentido de recurso, de instrumento. Infelizmente, em português não ocorre o mesmo. Usamos a mesma palavra para dizer, por exemplo: "no meio (*milieu*) em que moravam havia muito espaço para as crianças brincarem"; ou então: "aquele espaço constituiu o melhor meio (*moyen*) para as crianças desenvolverem suas habilidades esportivas."

A definição enfatiza, ainda, as relações entre meio, em ambos os sentidos, e as transformações nos recursos da criança ao longo de seu desenvolvimento. Em cada fase se constitui, entre os recursos da criança e o meio, um sistema de relações que faz que eles se especifiquem reciprocamente: o meio não é o mesmo para todas as idades.

Meios não são, portanto, apenas específicos de cada espécie. São também específicos de estados afetivos e motivações do indivíduo em determinados momentos, de cada idade ou fase do desenvolvimento e de diferentes contextos culturais. Os exemplos seguintes podem ilustrar essas relações.

Transformações do meio de acordo com estados motivacionais: o bolo da vovó

João e Lucas costumam ir à casa da avó, que mora na mesma rua. No último sábado, ao chegarem lá, encontraram sobre a mesa um bolo de chocolate bem recheado de brigadeiro. A avó tinha preparado uma surpresa para os netos! As reações dos dois foram curiosamente diferentes. João arregalou os olhos para o bolo e disse:
— Vó, eu posso comer um pedaço agora?
Mas Lucas pediu:
— Vó, eu posso guardar o meu pedaço pra comer em casa mais tarde? Minha barriga *tá* cheia de Coca-Cola!

A percepção daquela guloseima sobre a mesa provocou reações diferentes em João e Lucas em função de seus estados motivacionais; um com apetite e outro saciado. Mas essa não é a única diferença potencial: o mesmo bolo, em outro momento, poderia ter significados opostos para os dois irmãos se fosse João e, não Lucas, quem tivesse tomado Coca-Cola.

Transformações do meio segundo as fases de desenvolvimento: a escada

A casa de Mila tem uma bonita escada de madeira que liga a sala à área dos quartos. Enquanto Mila era um bebezinho, sua mãe nunca tinha se preocupado com a escada. Agora Mila começou a engatinhar, portanto surgiu um problema: a danadinha volta e meia escapole para o corredor e se aproxima da escada.

Mamãe não quer deixar Mila trancada no quarto ou no chiqueirinho, portanto o jeito é colocar um portãozinho barrando a passagem de Mila para a escada.

O tempo passa. Agora, Mila tem cinco anos e já tem um irmãozinho de um ano. Adivinhe o que Mila faz: ela descobriu como pular o portão e acha muito divertido fazer essa ginástica e brincar de esconde-esconde com seu irmão se abaixando e se levantando do outro lado.

No primeiro momento, a escada nem sequer fazia parte do meio de Mila. Ela se torna um campo de ação quando Mila começa a engatinhar, mas esse campo não está ajustado aos recursos funcionais da menina. A mãe transforma o ambiente de maneira a ajustá-lo a esses recursos, permitindo que Mila atue e explore o ambiente sem correr riscos. Já no terceiro momento, o portãozinho que constituía uma barreira por não estar ajustado aos recursos funcionais da criança passa a ser um instrumento para novas ações.

Transformações do meio de acordo com concepções culturais diferentes: pedagogias

Joãozinho (três anos) e Pedro (quatro anos) estão em uma creche. A sala que frequentam é bem organizada, com carteiras enfileiradas, uma para cada criança, e uma mesa maior, lá na frente, para a educadora. Esse meio ambiente já pressupõe que as crianças se orientem basicamente para a educadora e ajam de acordo com suas instruções. A organização da sala circunscreve, ou seja, estabelece certos limites e possibilidades de ação para as crianças, delimita o meio entendido como recurso.

Figura 9 – Sala de Joãozinho e Pedro

No caso de Lucas e Mário, que também frequentam uma creche, a sala é organizada em cantinhos onde as crianças escolhem o que querem naquele momento: brincar com blocos de construção ou quebra-cabeças em torno de uma mesa; ler livros de gravuras coloridas, sentadas em almofadas; vestir-se de mocinho ou bandido, ou de princesa e fada, e brincar de faz de conta.

Figura 10 – Sala de Lucas e Mário

A organização das duas salas reflete pedagogias diferentes: uma, centrada na educadora, que orienta o grupo para a execução de certas tarefas; a outra pressupõe que a autonomia das crianças na escolha das atividades é importante para seu desenvolvimento e aprendizagem. Em decorrência, embora o meio como espaço de ação possa ser o mesmo em termos de algumas propriedades físicas (por exemplo, o tamanho da sala, a qualidade da iluminação ou mesmo a disponibilidade de objetos que podem constituir recursos para atividades), a Pedagogia que está por trás de sua organização modifica o meio como recurso disponível para o indivíduo.

Os adultos organizam o meio de desenvolvimento de uma criança de acordo com concepções, expectativas e projetos relativos a ela a partir de suas experiências em seu contexto sociocultural. No entanto, segundo Wallon, nas situações cotidianas as crianças têm sempre a escolha do meio sobre o qual aplicar suas condutas. No exemplo seguinte, a organização do meio sugerida pela educadora não impossibilita que as crianças participem ativamente da apropriação do meio como recurso.

A apropriação do meio como recurso por iniciativa da criança: o túnel

Em instituições de Educação Infantil, é comum as educadoras deixarem o centro da sala livre, sem a ocupação de móveis, disponibilizando aí objetos para uso das próprias crianças, facilitando sua movimentação. Nesse dia, no entanto, em vez de brincarem com esses objetos, as crianças, uma a uma, vão para debaixo das carteiras alinhadas e encostadas nas paredes e engatinham ao longo de toda a extensão em que estão enfileiradas. Aos poucos, esse "canto" da sala vai se consolidando como um túnel, estruturador de um espaço físico e social, arranjo espacial no qual as crianças organizam uma brincadeira interessante que envolve todos os parceiros presentes na sala.

Figura 11a – O túnel (1)

Figura 11b – O túnel (2)

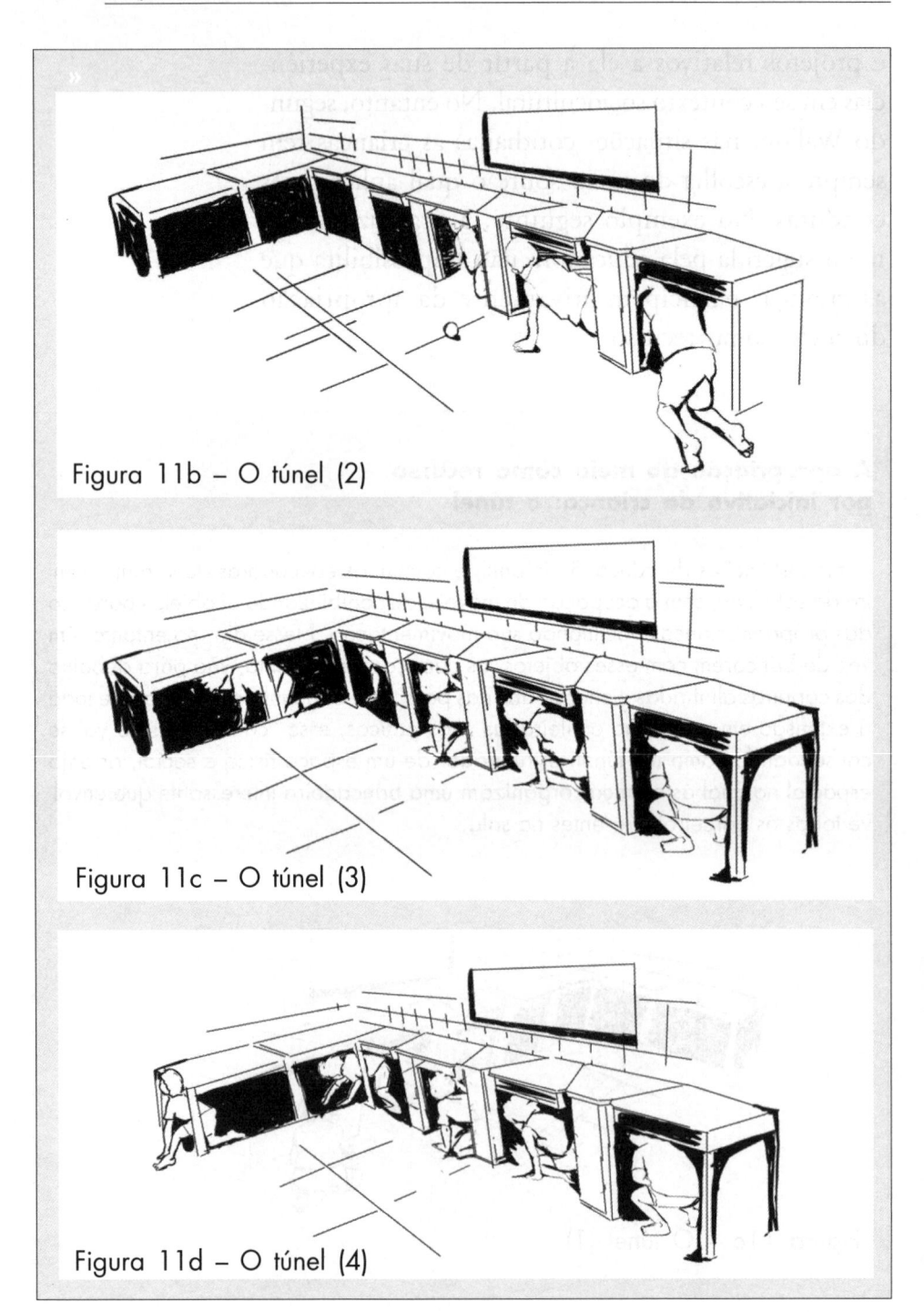

Figura 11c – O túnel (3)

Figura 11d – O túnel (4)

O aproveitamento que as crianças fazem das carteiras, utilizando-as para a construção da brincadeira, acontece de forma espontânea, independentemente das sugestões do adulto, embora um professor bem formado e atento possa observá-las e até aprender com elas: as ações, movimentos, gestos, sorrisos e vocalizações das crianças oferecem pistas sobre os modos pelos quais elas vão se apropriando do espaço e integrando-o criativamente na construção da brincadeira. No fluxo das interações, esse espaço da sala se transforma em um recurso para uma ação coletiva.

O exercício proposto a seguir ilustra a interação entre os vários níveis de mediação apontados até agora: o arranjo físico-espacial do ambiente, as condições motivacionais e a fase de desenvolvimento das crianças, o modo pelo qual se apropriam do meio.

Imagine uma grande área da creche, um pátio coberto, onde dez ou doze crianças de dois a três anos vão passar algum tempo brincando sem a intervenção ou orientação de uma educadora. É claro que, como elas são pequenas, a educadora vai ficar por ali, sentada em um canto do pátio, tomando conta, evitando que elas se machuquem etc. Ela não vai intervir ativamente nas brincadeiras, mas já organizou o espaço e deixou disponíveis os brinquedos que considera adequados para essa idade: o pátio foi delimitado em toda volta por estantes baixas e os brinquedos, colocados no chão e sobre as estantes, deixando bastante espaço no centro para as crianças correrem e se espalharem.

Agora imagine que, no dia seguinte, a educadora não pode vir e é substituída por outra. Esta acha que a arrumação do pátio não está muito legal para as crianças, ou que elas podem ficar correndo muito e se machucando toda hora; ela resolve então arrumar as estantes formando cantinhos, e coloca os brinquedos nesses cantinhos, em vários locais do pátio. Depois se senta no seu lugar para observar as brincadeiras das crianças.

Agora pense nas seguintes perguntas:

1) Em qual desses arranjos (o aberto ou o que tem cantinhos) você acha que:
a) As crianças vão se agrupar mais perto da educadora?
b) As crianças vão brincar mais entre si?
c) As crianças vão explorar mais detidamente o espaço disponível?
d) As crianças vão brincar mais de faz de conta ou de outras brincadeiras estruturadas?

2) O que diferencia os dois meios, o arranjo aberto e o que tem cantinhos?

3) Qual desses meios oferece recursos mais compatíveis com os meios funcionais de que dispõem as crianças?

Se na pergunta 1 você respondeu "no arranjo aberto" para a letra "a" e "espaço de cantinhos" para as letras "b", "c" e "d", você acertou. Estudos desse tipo, sobre o papel da organização espacial do meio sobre sua utilização e sobre as trocas sociais que ocorrem nele, têm sido feitos por vários pesquisadores, inclusive no Brasil.

Em relação à pergunta 2, podemos dizer que, quanto às dimensões físicas, há pouca diferença entre os dois espaços; mas a estruturação introduzida pela segunda educadora cria um arranjo espacial diferente e, com isso, modifica seu significado como meio: ou seja, permite que as crianças o signifiquem de uma nova forma e, portanto, o selecionem para novas ações, como explorar o espaço e os objetos e desenvolver brincadeiras individuais ou conjuntas.

Quanto à pergunta 3, podemos observar que, ao modificar o arranjo espacial, a educadora compatibilizou o meio com os recursos de que as crianças dispõem nesse momento. Evidentemente, se, em vez de crianças pequenas, o pátio coberto estivesse sendo usado por meninos de dez anos para uma partida de futebol, o arranjo aberto seria o mais compatível. É isso que significa dizer que o meio se define na interseção entre meio no sentido de espaço para ações e meio no sentido de recursos disponíveis para o indivíduo.

Outra diferenciação proposta por Wallon ao especificar a interdependência de organismo-meio no caso do ser humano é a anterioridade do meio social sobre o meio físico. De início, a criança dispõe de poucos meios para ação e é por isso que é inevitável a mediação do meio social na relação dela com o meio físico. O intercâmbio com base no meio social é a chave para os outros intercâmbios.

Pense um pouco de que jeito um bebê aprende a usar uma colher, ou uma criança de um a dois anos aprende a rabiscar com um lápis ou a falar ao telefone? Não é apenas tentando experimentar como funciona a colher, o lápis ou o telefone, por ensaios e erros, que o bebê vai saber para que esses objetos servem e como funcionam; também não é apenas experimentando que a criança vai usá-los adequadamente, isto é, conforme o costume daquela cultura. O que ele(a) faz? Observa o que o(s) outro(s) faz(em) e os imita. Não é isso o que fazemos quando estamos em uma situação nova, em que não sabemos como nos comportar?

É por meio da interação com os outros que o indivíduo recorta e significa o meio, daí se poder pensar que o meio humano tem um *status* duplo: é ao mesmo tempo "meio ambiente" (e os outros são parte do ambiente) e "meio de ação" nesse ambiente, pois os outros são também mediadores das relações do indivíduo com o meio. Um exemplo clássico de interações que constituem o meio para cada indivíduo é a análise do surgimento do gesto de apontar no bebê, feita pelo psicólogo russo Lev Vigotski, contemporâneo de Piaget e Wallon. Vigotski mostra como um movimento do corpo da criança na direção de um objeto que está fora de seu alcance vai se transformar, especificando-se e simplificando-se, a partir da intervenção de um adulto que atribui à criança a intenção de pegar o objeto, e o entrega a ela – ou seja, atribui significado ao gesto da criança. O movimento, que consistia em um impulso de todo o corpo da criança, com braços estendidos e movimento das mãos sugerindo o querer agarrar o objeto, passa, mais ou menos gradualmente, a ser um braço estendido com o dedo indicador apontado para o objeto e o olhar passeando entre este e a pessoa presente no ambiente. O movimento de pegar torna-se o ato de apontar. O que é que se transformou? Não só a forma do gesto, mas:

- seu significado no meio, para a criança e para o adulto: por exemplo, para a criança, o querer alcançar o objeto transforma-se em querer que outros o alcancem para ela; para o adulto, reduz-se a ambiguidade sobre o desejo da criança;
- a relação da criança com o meio físico e com o meio social: por exemplo, o meio passa a incluir o adulto como recurso.

O meio transforma o gesto (o impulso do corpo transforma-se em braço estendido e dedo apontado) e ao mesmo tempo é transformado; já é outro meio.

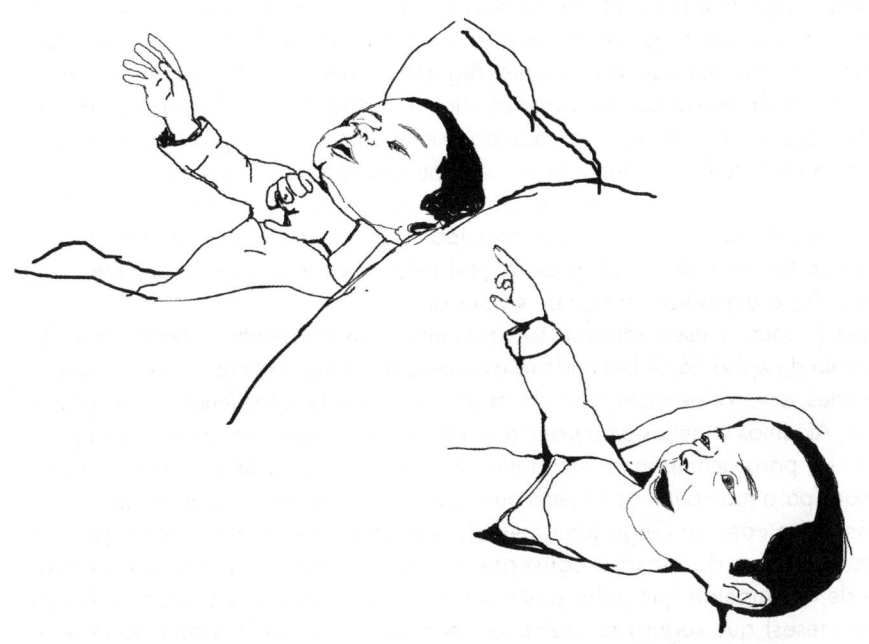

Figura 12 – Apontar

Embora a mediação social seja usualmente feita pelo adulto, à medida que a criança vai adquirindo meios de ação a mediação pode ser feita também por outras crianças, como se observa muitas vezes em episódios de brincadeira.

Vamos então para outra creche, onde bebês de nove a dezessete meses brincam em uma sala de berçário. Há berços encostados nas paredes, brinquedos espalhados pelo chão, uma mesinha baixa em um canto. Três bebês já sabem andar; os outros engatinham ou se arrastam. A educadora anda pela sala, atendendo um ou outro bebê que chora, ninando um que está com sono e assim por diante.

> Junto à mesinha, Jef (dezessete meses) inicia uma brincadeira de empurrar, que logo é compartilhada por outras crianças. A despeito da educadora que tentou, de início, impedir a brincadeira, Jef e as outras crianças empurram a mesa, deslocando-a para várias partes da sala, provocando um barulho alto, o que torna a atividade saliente naquele ambiente. Algumas vezes, a mesa é empurrada entre dois berços ou no vão de uma porta aberta, ficando entalada. As crianças olham para a educadora, mas logo em seguida se esforçam até conseguir liberar a mesa com tentativas contínuas de empurrões ou puxões, para um lado e para o outro, para a frente e para trás, inclusive alterando as posições, as posturas e a maneira de pegá-la. Jef é o protagonista principal, porque permanece brincando com a mesa o tempo todo. Ele expressa satisfação, rindo e emitindo sons altos sincronizados a um maior esforço de empurrar.
> Lala (catorze meses) torna-se sua parceira mais constante a partir de certo momento do episódio. A brincadeira é construída com a participação de crianças diferentes, em vários momentos do episódio, todas se coordenando reciprocamente. Algumas crianças empurram e puxam a mesa; outras se apoiam nela para erguer-se, para acompanhar seu deslocamento ou sustentar-se enquanto liberam as mãos para manipular os objetos que trazem e põem em cima da mesa.
> Esse foi o caso de Guga (dez meses), que ainda não andava; ele encosta o peito na quina da mesa e consegue virar, desvirar e arrastar uma caixa grande de papelão que tinha posto sobre ela. Ou, ainda, é o caso de Maya (onze meses) que segura na quina da mesa com uma mão e bate sobre ela, com a outra mão, imitando Diego (catorze meses), que também batia.

Figura 13a – Empurrando a mesa (1)

Figura 13b – Empurrando a mesa (2)

O QUE É MEIO?

Figura 13c – Empurrando a mesa (3)

Figura 13d – Empurrando a mesa (4)

Vários aspectos de que tratamos podem ser ilustrados com esse episódio. Primeiro, a mesa foi selecionada no ambiente como um objeto de brincadeira e não como um objeto associado a funções sociais tradicionais, como, por exemplo, um local para alimentação ou para tarefas de pintura e desenho. O olhar das crianças, orientado para a educadora sempre que um barulho mais forte era provocado no ambiente, ou quando a mesa era enfiada nos berços, e particularmente o olhar de Jef para ela, acompanhado de um risinho quando de seus primeiros empurrões, parece demonstrar que as crianças percebiam que aquele uso da mesa não agradava muito a educadora, que inicialmente tentou impedir a brincadeira.

Em segundo lugar, as características da mesa, como seu peso, seu tamanho e sua altura; as características da sala onde estavam as crianças, como o chão liso e o espaço livre no centro, permitindo o deslizamento da mesa em várias direções; bem como os limites impostos à brincadeira pela parede, porta e disposição dos berços em torno da sala, tudo isto instigava a criança a selecionar certas ações em vez de outras, para deslocar a mesa e desencalhá-la dos berços e da porta.

Em terceiro lugar, é possível discriminar, ao longo da observação, um aperfeiçoamento das ações das crianças no modo de pegar a mesa, na inclinação do corpo e na escolha do lado ou da ponta da mesa onde se posicionavam para empurrá-la, puxá-la e desencalhá-la. Para isto, basta comparar o tempo gasto pelas crianças na primeira ação de desencalhar e o tempo gasto em ações similares mais ao final do episódio. Esta observação permite afirmar que o meio oferece as oportunidades para a ontogênese se realizar e, ao mesmo tempo, permite afirmar que as crianças, à medida que adquirem mais possibilidades de ações, transformam o meio mais eficientemente, organizando-o, complexificando-o e compatibilizando-o com novos propósitos. Por exemplo, a mesa passa a servir de suporte para caixas ou outros objetos que são postos em cima dela e podem ser transportados e manipulados enquanto ela é deslocada.

Em quarto lugar, a mesa e outros objetos dispostos sobre ela, bem como as ações que foram selecionadas pelas crianças ao longo da brincadeira, constituíram um meio com grandes desafios e excitação para as crianças, ou seja, um meio lúdico, prazeroso, com sons por causa de seu deslizamento, com movimento ocasionado pelas ações de empurrar, puxar etc., e com inúmeras possibilidades de explorações e tentativas. A mesa também é constituída pela criança como um meio ou recurso disponível para outras ações, como foi o caso de Guga, que ainda não se equilibrava em pé, e pôde apoiar-se na quina da mesa, liberando as mãos para manipular a caixa grande, ou por Maya, que se segurava na mesa com uma mão e podia bater sobre ela com a outra, imitando o comportamento de Diego e, eventualmente, "propondo" também outras atividades.

E, finalmente, ao utilizar a mesa como um objeto de brincadeira, a criança está ativamente ressignificando um objeto de sua cultura e criando para esse objeto um significado que potencialmente passa a fazer parte da cultura de seu grupo de brinquedo. Dessa forma, entre as possibilidades disponíveis no meio, algo se destaca ao ser selecionado (no caso, por outra criança; em outros casos, por um adulto) e torna-se um recurso útil para novos desdobramentos ou seleções: novas atividades, novos objetos, determinadas atividades com esses objetos etc.

2. A perspectiva ecológica de Urie Bronfenbrenner

Urie Bronfenbrenner, importante pesquisador americano da segunda metade do século XX, propôs o conceito de Ecologia do Desenvolvimento Humano e formulou um modelo que concebe os contextos de desenvolvimento das pessoas como sistemas de estruturas aninhadas, interdependentes e em recíproca interação. Nele são abrangidas desde a família até estruturas econômicas e políticas, permitindo uma articulação entre quatro níveis de relações:

- **O microssistema:** indica o contexto em que a pessoa vive diariamente, onde se dão as interações face a face. No caso da criança, ele pode incluir as interações com familiares, vizinhos adultos e crianças, educadores, funcionários e outras crianças da creche ou da escola. A própria biologia da pessoa é considerada como parte do microssistema, por isso essa teoria foi mais tarde denominada Teoria Sistêmica Bioecológica.
- **O mesossistema:** refere-se a relações entre microssistemas ou conexões entre contextos, como a família, a escola, a igreja, o clube. Por exemplo, as relações de igrejas diferentes cujos participantes frequentam uma mesma escola com as famílias das crianças e com a escola.

- **O exossistema** (*exo* = exterior, externo) compreende estruturas sociais particulares, tanto formais como informais, que não fazem parte do contexto imediato da criança, por exemplo, o trabalho da mãe ou do pai, mas podem influenciar as experiências da criança em casa ou na creche. A mãe pode ter uma promoção no trabalho, que requer mais viagens, o que altera as rotinas da casa e muda os padrões de interação com a criança.
- **O macrossistema:** refere-se aos padrões institucionais existentes na cultura, como o sistema econômico, educacional, legal, político, cuja manifestação se dá por mediação dos outros três sistemas. Por exemplo, se o Ministério de Educação antecipa a obrigatoriedade da matrícula escolar para os quatro anos de idade, isso terá grandes efeitos sobre a vida das crianças dessa idade e de suas famílias. Os padrões institucionais variam de um país ou região para outra, mas dentro deles também há grandes variações conforme o nível socioeconômico, a religião, o grupo étnico, entre outros fatores.

Posteriormente, na elaboração de sua teoria, Bronfenbrenner acrescentou o conceito de cronossistema, que se refere ao padrão de mudanças que ocorrem durante o ciclo vital, ou mesmo durante o dia, a semana ou o ano, ocasionado seja por fases como puberdade, menopausa, gravidez, aposentadoria, seja por eventos como feriados, férias, período natalino etc. Há outras transições mais específicas, como separação dos pais, ou adoecimento e morte de um deles, que têm efeitos diversos sobre as crianças, os quais variam conforme a idade delas e vão se modificando com o decorrer do tempo. Além disso, o cronossistema se refere também a mudanças sócio-históricas. Imagine, como exemplo, o quanto a estrutura familiar e as relações familiares foram se modificando com o aumento de oportunidades profissionais para as mulheres a partir da segunda metade do século XX.

3. A perspectiva da Rede de Significações (RedSig)

Rede de Significações (RedSig) é outra perspectiva elaborada como ferramenta para investigar e compreender os processos de desenvolvimento humano, proposta mais recentemente por Clotilde Rossetti-Ferreira e colaboradores e que também procura articular a complexidade de pessoas e contextos em relações recíprocas. A proposta surgiu da análise da situação complexa de inserção/acolhimento de bebês em creche. Embora fosse enfatizada uma análise inclusiva dos vários fatores envolvidos no processo de acolhimento, seu foco recaiu na compreensão das articulações entre esses vários elementos e nos significados atribuídos a eles em situações concretas.

Utilizando a metáfora de rede, a RedSig concebe as pessoas imersas em uma malha de significados inter-relacionados, constituindo essa malha e sendo constituídas por ela. Os processos de desenvolvimento se dariam a partir de reconfigurações de Rede de Significações (RedSig), que articulam vários elementos em contínua interação e transformação. Nesse sentido, cada pessoa tem seu fluxo de comportamentos continuamente delimitado, recortado e interpretado pelo(s) outro(s) e por si própria, a cada momento e situação.

Imagine uma mãe de periferia que leva seu filhinho de dois anos pela primeira vez a uma creche do bairro. Lá é recebida na porta por uma educadora que lhe informa que os pais não são admitidos dentro da creche. A criança é então entregue à educadora, que a leva para a sala onde irá ficar, deixando-a com a educadora responsável por esse grupo.

Agora imagine a mesma situação ocorrendo em uma creche também de periferia, mas onde, em colaboração com um grupo de estagiários de Educação ou Psicologia, as educadoras procuraram elaborar uma proposta de acolhimento às crianças e a suas famílias, a ser realizada durante as primeiras semanas de ingresso na creche. Nesse caso, a mãe e seu filhinho de dois anos foram recebidos pessoalmente pela educadora responsável, que lhes apresentou toda a creche e os levou para que conhecessem os companheiros de turma, a sala e o pátio onde passariam parte do dia.

A mãe teve a oportunidade de observar a rotina e de fazer as perguntas que desejasse, além de poder permanecer algum tempo com a criança, familiarizando-a com o ambiente. Com o passar dos dias, o tempo de permanência da mãe com a criança diminuiu, até que esta passou a se envolver integralmente nas atividades da creche e com seus parceiros.

Que papéis ou posições são atribuídos à mãe, à educadora e à criança nessas duas situações?

Para tornar a análise mais interessante, focalizemos agora nosso olhar nas interações mãe-filho, no primeiro dia de frequência à segunda creche. Imaginemos duas díades diferentes: em uma delas (díade A), a mãe chega à creche agarrada ao filho, conservando-o de frente para ela e de costas para o ambiente. Com isso, a criança tem pouca oportunidade para enxergar o que está ocorrendo em sua volta, e tem prioritariamente contato com a mãe.

Na outra díade (díade B), a mãe segura o filho de encontro a seu corpo, porém com a cabeça direcionada para o que lhe aparece à frente, apontando-lhe os companheiros e os objetos e espaços interessantes. Nessa segunda díade, a mãe já coloca o filho em uma posição de abertura para o novo.

Para alguns estudiosos, essas diferentes atitudes das mães são frequentemente interpretadas como características individuais, não se buscando compreender a malha complexa de significações em que essas mães estão imersas e que, naquele momento e situação, assumem certa configuração específica.

Como as duas díades descritas anteriormente participavam de um estudo sobre inserção de bebês em creche, algumas dicas podem ser oferecidas para se analisar esses casos.

O contexto familiar e de trabalho das duas díades difere bastante. A mãe A e seu marido são estudantes muito jovens, é sua primeira filha, moram nos fundos da casa da mãe dele, que não está de acordo com a ida da neta de cinco meses para a creche, mas trabalha e não pode ficar com ela. A família da mãe mora longe e ela vive de bolsa e sofre ameaças de perdê-la se não retomar seriamente seus estudos e estágios.

A mãe B é mais velha, já teve uma filha nessa creche, onde trabalha há alguns anos como auxiliar de enfermagem. Portanto conhece muito bem a rotina e os costumes da creche. Mesmo assim, nota-se que sua filhinha de sete meses ressente-se um pouco em ter de partilhar a mãe com as outras crianças da creche.

No processo de ingresso à creche, marcado por intensa emoção, a pessoa se vê e é vista como investida de novos papéis ou posições e reorganiza suas relações, com emergência de novas emoções e significações. Simultânea e sucessivamente, definem-se novos limites e possibilidades para os comportamentos das pessoas e para seu desenvolvimento. Assim, no contínuo devir das situações, a cada momento ocorrem novos eventos, com novos papéis ou posições sendo atribuídos/assumidos pelas pessoas em interação, provocando uma reconfiguração na RedSig em que estão imersos.

A figura seguinte busca ilustrar, didaticamente, o modo como, com base na RedSig, consideram-se as diferentes relações das pessoas com seus meios e as questões que orientam essa análise, realçando o entrecruzamento de três contextos: a família, a creche e o trabalho dos pais, constituídos e sendo constituídos por vários campos interativos.

Campos interativos

Mãe – Criança
Criança – Educadora
Mãe – Educadora
Criança – Criança

- Quem
- Como
- Quando
- Onde

Componentes individuais

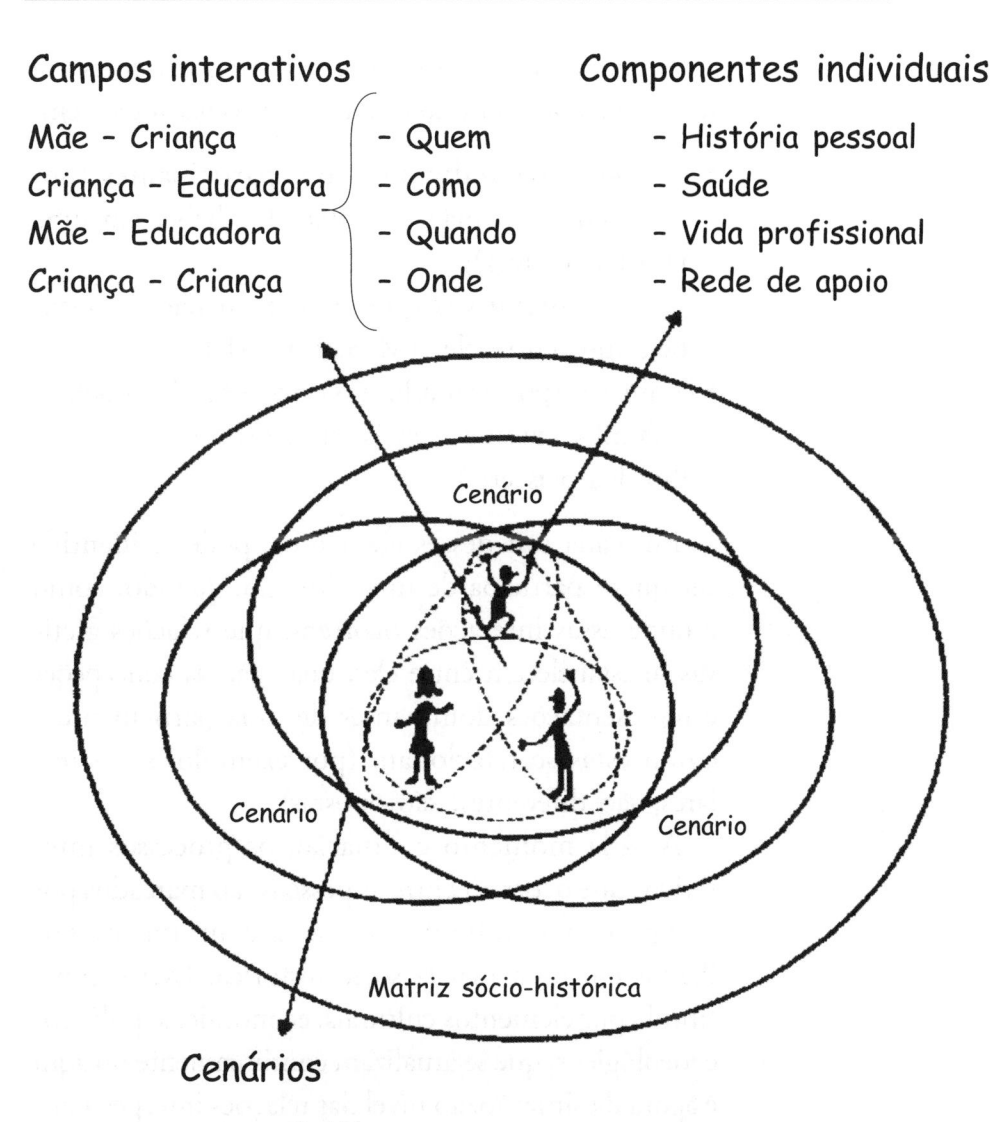

- História pessoal
- Saúde
- Vida profissional
- Rede de apoio

Cenário

Cenário

Cenário

Matriz sócio-histórica

Cenários

- *Settings*
- Dinâmica e estrutura social
- Programas, rotinas e práticas
- Cultura, valores, sistema de crenças
- Relacionamentos

Figura 14 – Empurrando a mesa (4)

A figura representa os diversos níveis presentes em um meio humano e que podem ser organizados em:

- componentes individuais dos participantes (por exemplo, M – mãe, P – pai, B – bebê, em uma família nuclear);
- campos interativos que podem ou não ser estabelecidos entre eles (M-B, P-B, M-P);
- contextos (por exemplo, no caso, a família nuclear, a família extensa – avós, tios, primos – o trabalho dos pais etc.).

Em cada um desses elementos, pode-se identificar quem participa de uma situação, quando, como e onde essas interações ocorrem, que relações afetivas se estabelecem entre eles, quais são as concepções e representações dominantes de cada participante e como estas se relacionam (por exemplo, são similares, são diferentes, são opostas).

A cada momento e situação, os processos interativos que ocorrem entre as pessoas são marcados por componentes individuais e se encontram mergulhados em uma matriz sócio-histórica. Esta é constituída por elementos culturais, econômicos, políticos e ideológicos, que se atualizam continuamente no aqui e agora da situação, ao nível das relações interpessoais.

A matriz sócio-histórica propicia e delimita as interações que os indivíduos estabelecem apontando-lhes os papéis disponíveis para eles e os significados culturais que eles negociam ao interagir e que canalizam o desenvolvimento, imprimindo formas e conteúdos específicos daquela cultura para aquele indivíduo em particular. Ao mesmo tempo, ela é ressignificada e transformada pelas pessoas, nas interações e cenários concretos em que elas estão envolvidas. Assim, a matriz também se relaciona dinâmica e dialeticamente com os componentes individuais, campos interativos e contextos, estruturando redes de significações que constituem o contexto e o meio do desenvolvimento humano.

4. Mais convergências do que diferenças

As três perspectivas teóricas apresentadas aqui têm muitos pontos em comum e algumas diferenças e complementaridades. Todas concebem as relações entre seres vivos (e, no caso das duas últimas, particularmente os seres humanos) e seus meios como complexas e dialéticas, envolvendo muitos níveis e campos interacionais. O meio não é algo externo aos indivíduos; é selecionado e construído na interação com estes e com suas condições particulares, sejam estas estados motivacionais, capacidades motoras, cognitivas, fase da vida ou outras; ao mesmo tempo, o meio é circunscritor, ou seja, possibilita e delimita espaços e modalidades interacionais, quer no nível interpessoal, quer em sistemas sociais mais abrangentes, como os propostos por Bronfenbrenner e pela RedSig. É essa relação íntima e constitutiva entre organismo e meio que cada uma dessas perspectivas focaliza com ênfases e proposições diferenciadas, mas compatíveis e complementares.

Capítulo IV

O INCRÍVEL BEBÊ

O incrível bebê

Cada sociedade humana, a mesma sociedade em diferentes momentos de sua história, e diferentes grupos dentro da mesma sociedade têm suas próprias concepções sobre o que é um bebê, uma criança, um ser humano. Essas concepções fazem parte do patrimônio cultural da sociedade, afetam as práticas de criação de suas crianças e de relacionamento entre seus membros e transformam-se de acordo com sua dinâmica histórica e com os desafios enfrentados a cada momento.

Agradecemos a Trude Franceschini e Heloísa Salgado, pela cessão de dados a respeito da vida intrauterina; a Niélsy H. P. Bergamasco, pela cessão de fotos de seu acervo de dados sobre expressões faciais em resposta a estímulos gustativos, e a Katia S Amorim, pela leitura crítica e pelas sugestões.

Pensar sobre o bebê hoje é diferente de como se pensava 50 ou 60 anos atrás. Na última metade do século XX, ocorreram transformações rápidas e surpreendentes nessas concepções, em decorrência do avanço do conhecimento científico a esse respeito, que por sua vez interage com mudanças nas condições socioeconômicas e responde a elas: a mulher e as crianças passaram a ter novos locais de convívio e novas formas de relações; isso tem revelado novas facetas das crianças, inclusive das bem pequenas, que de certa forma colocaram a necessidade de investigação de potencialidades antes não reconhecidas dos bebês. É claro (porque mudanças culturais profundas em geral ocorrem lentamente) que ainda é comum encontrar um pai que comenta sobre seu bebê de seis meses:

"Agora sim, está virando gente!"; talvez se encontre até um pediatra que tente convencer a mãe de um recém-nascido de que o sorriso que ele parece dirigir a ela não passa de uma careta provocada por gases, ou de que o bebê não ouve, não enxerga, não sente dor, não tem preferências nem memória e não aprende antes de certa idade. Mas hoje, no início do século XXI, podemos afirmar que o bebê é muito diferente disso. Como é que descobrimos?

1. Como fizemos o bebê contar o que sabe?

A revolução nas concepções e no conhecimento sobre as competências do neonato nas últimas décadas foi devida a avanços teóricos, metodológicos e tecnológicos que possibilitaram o acesso ao repertório do bebê. Este avanço pode ser atribuído a vários fatores que se potencializaram mutuamente.

Veja capítulo: De onde viemos?

O avanço teórico vem de várias vertentes. A perspectiva evolucionista nos levou a pensar no bebê como um organismo adaptado a sua própria circunstância, ou seja, um organismo que precisa sobreviver no presente – e não apenas como um ser incompleto e totalmente incompetente, iniciando seu caminho na direção de uma plenitude como ser humano adulto. Daí a pergunta: em que consistem as adaptações do bebê? Esta pergunta põe em cheque a concepção anterior de que um bebê não é adaptado a nada: não sabe nada, não é capaz de nada, é passivo diante do ambiente. E gera ainda outra pergunta: a que tipo de ambiente o bebê está adaptado?

Em decorrência do que se sabe hoje sobre evolução humana, a resposta é evidente: a um ambiente interacional (ou seja, de contato direto com outros seres humanos) e sociocultural, o único tipo de ambiente no qual um ser humano pode se desenvolver.

Essa profunda relação entre o ser humano e um meio interacional e sociocultural também foi apontada por pesquisadores do desenvolvimento humano, entre os quais Wallon e Vigotski. As vertentes teóricas que foram chamadas sociointeracionistas, construtivistas ou sócio-históricas enfatizam a imersão do ser humano no mundo sociocultural e o papel constitutivo das interações sociais no desenvolvimento individual. Elas contribuíram para abrir nossos olhos para o bebê como um ser "biologicamente sociocultural", como já é entendido na concepção de Wallon, e, com isso, para a busca das ativas adaptações do bebê a essa condição.

A perspectiva teórica ilumina e orienta os caminhos metodológicos que escolhemos. Enquanto se pensava no bebê como um futuro adulto, gastaram-se muito tempo e energia procurando nele as características preditoras das competências adultas. Com essa perspectiva, poderíamos concluir, por exemplo, que bebês enxergam pior do que os adultos, já que, evidentemente, eles não enxergam de tão longe como estes; seus movimentos e expressões parecem caóticos, casuais, sem relação com o que está acontecendo no ambiente; não é nem preciso pesquisar para verificar que ele não consegue desempenhar nenhuma ação motora necessária para sua sobrevivência, como encontrar alimento, proteger-se do frio ou de perigos e assim por diante; e que dificuldade para ensinar-lhe qualquer coisa! Que incompetência!

Ou será que se estava apenas deixando de olhar o bebê a partir de sua própria perspectiva? Quando os vieses de uma postura centrada no adulto foram superados, passaram a ser formuladas outras perguntas e, consequentemente, outros procedimentos metodológicos que resultaram em uma compreensão bastante diferente. Essas mudanças foram em grande parte possibilitadas por avanços tecnológicos que permitiram observar mais detalhada e mais precisamente o bebê e sua relação com o mundo. Um exemplo é a filmagem ou o registro em vídeo, que permitem ver e rever, em câmera lenta ou rápida, quadro por quadro, possibilitando a análise minuciosa de movimentos e de suas relações com o ambiente. A ultrassonografia possibilitou observar o bebê no útero, acompanhar suas reações e, por meio delas, suas sensações e percepções antes do nascimento. A análise espectrográfica de sons como o choro permitiu discriminar choros motivados por diferentes fatores – fome, desconforto tátil e dor, ou simplesmente pela ausência de um parceiro social.

Em decorrência desses avanços técnicos e de um novo modo de olhar e perguntar, aprendemos a identificar como os bebês podem nos falar sobre o que são e o que sabem: aprendemos a ler o que a direção e a duração do olhar, a frequência de batimentos cardíacos, o tipo de choro e outros comportamentos que tomamos como indícios nos contam sobre suas preferências, suas sensações e percepções, suas emoções.

A síntese de todos esses avanços (teóricos, metodológicos, tecnológicos) é o retrato de um bebê ativo, competente para selecionar e controlar os aspectos mais relevantes de seu ambiente, graças ao ajustamento entre a organização psicológica de que a evolução humana o dotou e a especificidade do ambiente necessário para o desenvolvimento humano: um ambiente sociocultural, mediado pela interação com outros seres humanos.

2. Bebê, você é incrível!

Até poucas décadas atrás, pensava-se que o bebê só se tornava um "ser psicológico" (isto é, dotado de reações, afetos, percepções e cognição) algum tempo após o nascimento. Sabemos hoje que a vida intrauterina já é psicologicamente ativa. Em um embrião de seis semanas, mãos e pés estão se formando, e aparecem os primeiros movimentos reflexos: os dedos se contraem ao contato com a parede uterina. Com mais uma semana, já ocorrem movimentos mais amplos, flexão dos membros e rotação da cabeça. A partir de sete semanas e meia, reage a estímulos táteis. Com oito semanas, e apenas quatro centímetros de tamanho, o corpo já está formado, com todos os órgãos em seus lugares e grande desenvolvimento da atividade física: o embrião tornou-se um feto, que rola de um lado para o outro, flexiona e estende os membros e o corpo. Com quinze semanas, movimenta-se como um bebê prestes a nascer: engole, chupa o dedo e o cordão umbilical, coordena movimento de pés e mãos, franze a testa, abre a boca e protrai a língua como em um bocejo; um pouco mais tarde, pratica atletismo: impulsiona o corpo como um nadador, vira cambalhotas, "escala" o cordão umbilical. Quando começa a engolir, provavelmente já sente o gosto das substâncias presentes no líquido amniótico e desenvolve preferências, em geral pelo doce. Ao nascer, reage ao doce, ao amargo e ao azedo com expressões características e que o adulto reconhece como reações de agrado ou de desagrado. Da mesma forma, mostra reações de agrado a alguns cheiros, como baunilha e morango, e de desagrado a outros (cebola, alho); com pouco tempo de vida, reconhece e prefere o cheiro do leite da própria mãe e de sua axila se for alimentado ao seio.

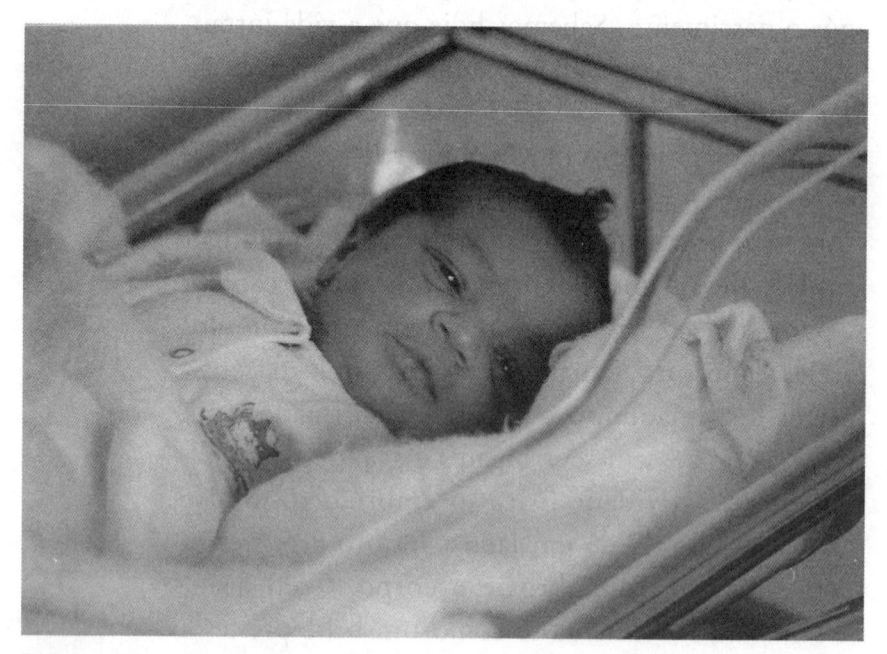

Figura 15 – Repouso

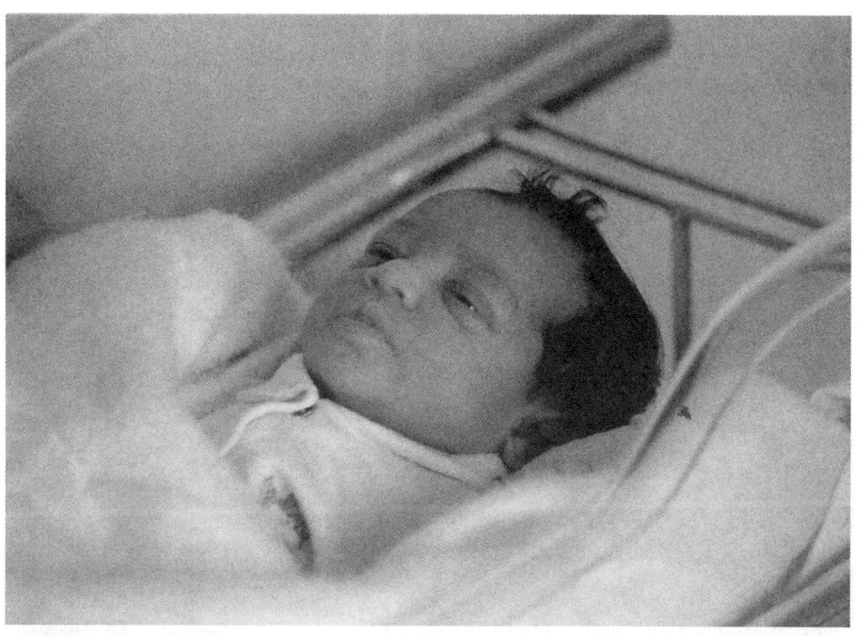

Figura 16 – Água

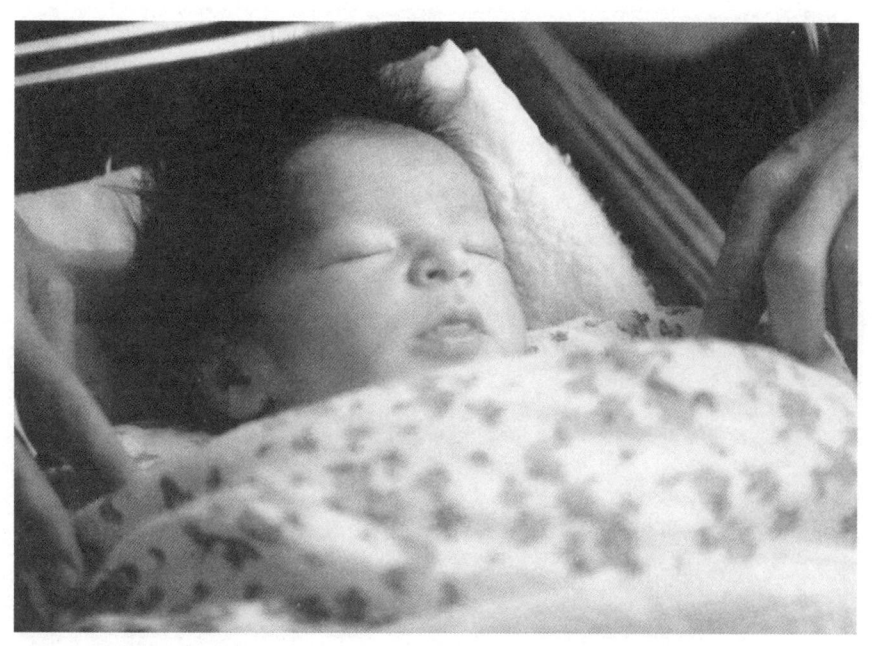

Figura 17 – Doce

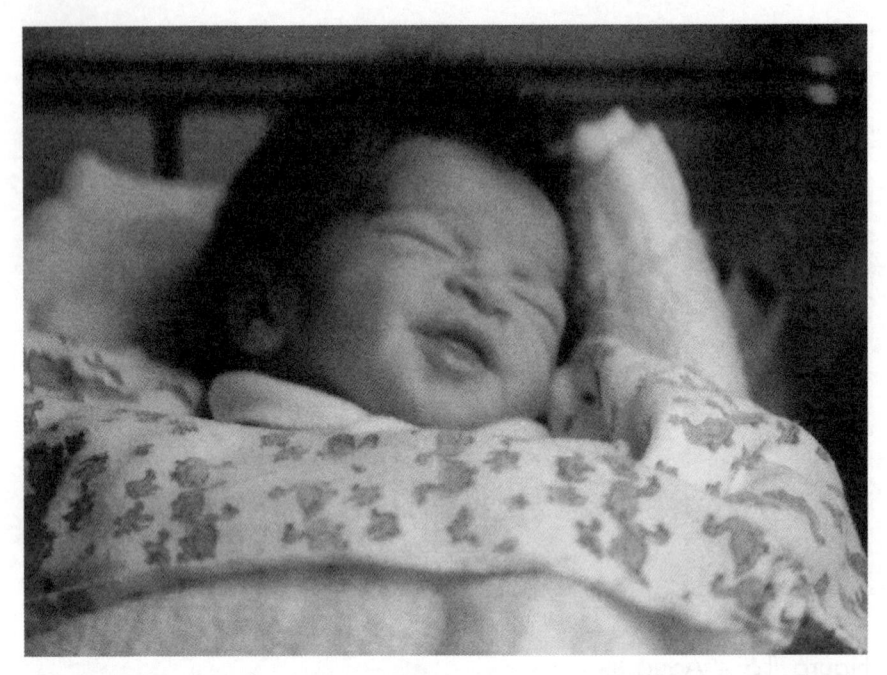

Figura 18 – Azedo

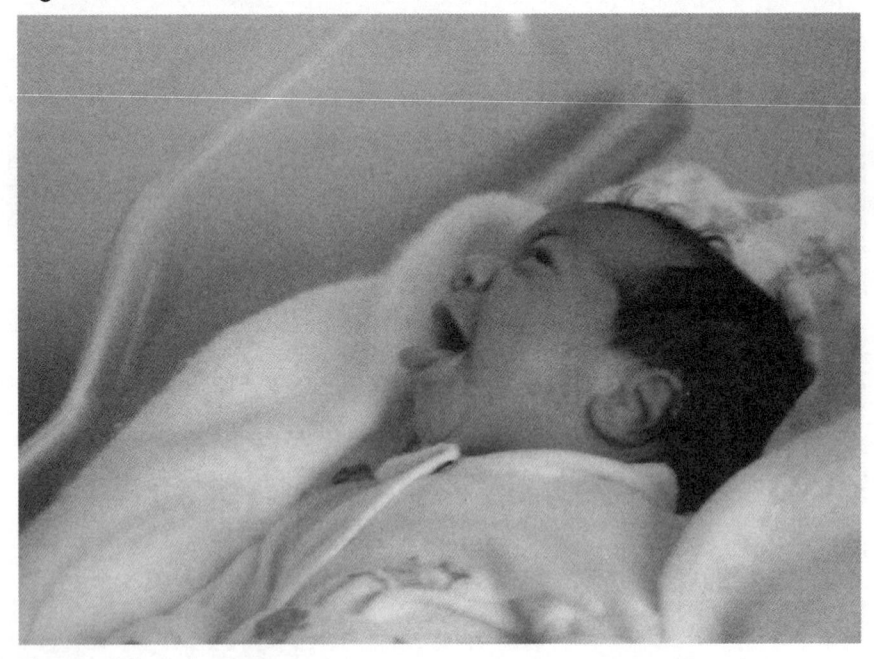

Figura 19 – Amargo

Ainda no útero, o bebê ouve vários sons provenientes do corpo da mãe e de ruídos ambientais, por exemplo, a voz e os batimentos cardíacos da mãe; daí vêm, possivelmente, sua preferência pela voz feminina e o efeito tranquilizador do ritmo das batidas cardíacas logo após o nascimento. Prefere também músicas que ouviu durante a gestação ou o som das histórias que foram lidas repetidamente em voz alta pela mãe antes de seu nascimento. Esses fatos evidenciam que a memória do feto já é funcional.

Há outras adaptações presentes no bebê recém-nascido que não dependem tão diretamente de experiências intrauterinas. Um dos casos mais interessantes é o da capacidade e das preferências visuais. A distância ótima para que um recém-nascido enxergue com nitidez é entre vinte e trinta centímetros – o que corresponde aproximadamente à distância em que se encontra o rosto de sua mãe quando ele é colocado ao seio. Os estímulos visuais preferidos pelo bebê são estímulos móveis, com contornos contrastantes, e com certo número de elementos discretos – justamente o tipo de estímulo oferecido por um rosto humano, especialmente pelos olhos em relação ao contorno da face (ou seja, o bebê realmente vê menos coisas do que o adulto, mas vê exatamente aquelas que são mais importantes para organizar sua interação com o mundo). Quando se compara a atenção de um bebê, medida por duração do olhar e por frequência de sorrisos, a vários tipos de estímulos, verifica-se que, inicialmente, não é necessária uma face completa para fazer o bebê olhar e sorrir: basta uma máscara grosseira, com duas manchas redondas escuras. Um rosto com o nariz e a boca escondidos elicia um sorriso, mas um rosto com os olhos escondidos, ou de perfil, não tem esse efeito. Ele também não reage diante de um rosto que tem todos os componentes de um rosto humano, mas em desordem – por exemplo, os olhos na parte inferior da face, nariz e boca em posições "erradas". É como se o bebê já nascesse orientado para os olhos e sua posição na face como os elementos principais de um rosto (uma coisa que perdura: a comunicação por meio do olhar é fundamental durante toda a vida).

Na década de 1930, o pesquisador e psicanalista suíço René Spitz demonstrou essas preferências em experimentos clássicos, mas ainda levou algum tempo até que esses resultados fossem integrados com outros e levassem a uma compreensão mais completa sobre as adaptações do bebê. Esses e outros resultados indicam que o bebê nasce equipado de tal forma que a mãe (ou o adulto de modo geral, especialmente do sexo feminino) constitui um estímulo atraente para ele: o rosto humano é o que ele vê melhor; a voz feminina é o som que ele prefere. Além disso, o bebê tem preferências táteis bem definidas: ele gosta de calor, de balanço e do chamado "conforto tátil", ou contato com uma superfície macia. Essas mesmas estimulações preferenciais podem ser providas, em muitas circunstâncias, por adolescentes e até por outras crianças, que por sua vez também reagem aos estímulos fornecidos pelos bebês.

Veja *box*: Conforto tátil.

Conforto tátil

Na década de 1950, o pesquisador americano Harry Harlow desenvolveu com sua equipe uma série de experimentos com filhotes de macacos-*rhesus*, que deram origem ao conceito de conforto tátil. Nesses experimentos, os macaquinhos eram separados de suas mães e criados em uma sala com dois bonecos que funcionavam como mães substitutas. Um deles era apenas uma estrutura de arame com uma cabeça grosseira; o outro era a mesma estrutura, revestida de um tecido macio e felpudo. Em alguns experimentos, os macaquinhos eram amamentados na mãe de arame, em outros, na mãe felpuda.

Os pesquisadores verificaram que filhotes passavam o tempo agarrados à mãe felpuda, mesmo que só fossem alimentados na mãe de arame, que só procuravam para mamar; quando cresciam um pouco mais e passavam a explorar o ambiente, era para a mãe felpuda que corriam diante de qualquer objeto estranho ou situação amedrontadora. Esses resultados exerceram uma influência importante no desenvolvimento da teoria do apego, que você vai conhecer no próximo capítulo.

Figura 20 – Macaquinho com 'mãe' felpuda

Agora que sabemos disso tudo, dá para entender por que é tão fácil "viciar" um nenê a ficar no colo: é no colo que ele tem toda a estimulação para a qual está adaptado e pela qual é atraído. Nenês não precisam aprender a gostar de colo; aprendem é a passar sem ele, e essa aprendizagem em geral não é muito tranquila...

Se acrescentarmos aqui os conhecimentos a respeito do repertório motor de um recém-nascido, o quadro vai ficando cada vez mais compreensível. Recém-nascidos apresentam um conjunto de reflexos bem conhecidos: de agarrar, de sugar, de busca e apreensão labial do seio (reflexo dos "pontos cardeais"), de busca de algo em que se agarrar (reflexo de Moro). Cada um desses padrões reflexos é desencadeado por um estímulo que, em condições naturais, é oferecido pelo corpo da mãe: a estimulação da mão, para o agarrar; o movimento do corpo da mãe (ou perda de apoio) para o Moro; a estimulação de uma região sensível em torno da boca, para o reflexo dos pontos cardeais; a estimulação que o mamilo produz no céu da boca, para o sugar: a organização reflexa do bebê está ligada intimamente à manutenção de contato próximo com o corpo da mãe.

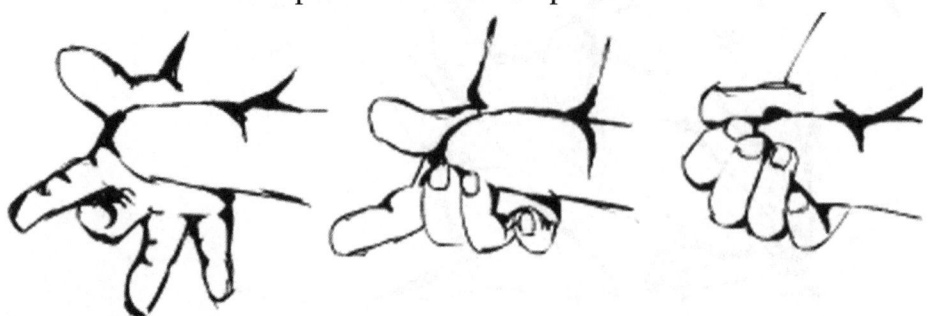

Figura 21 – Reflexo de agarrar

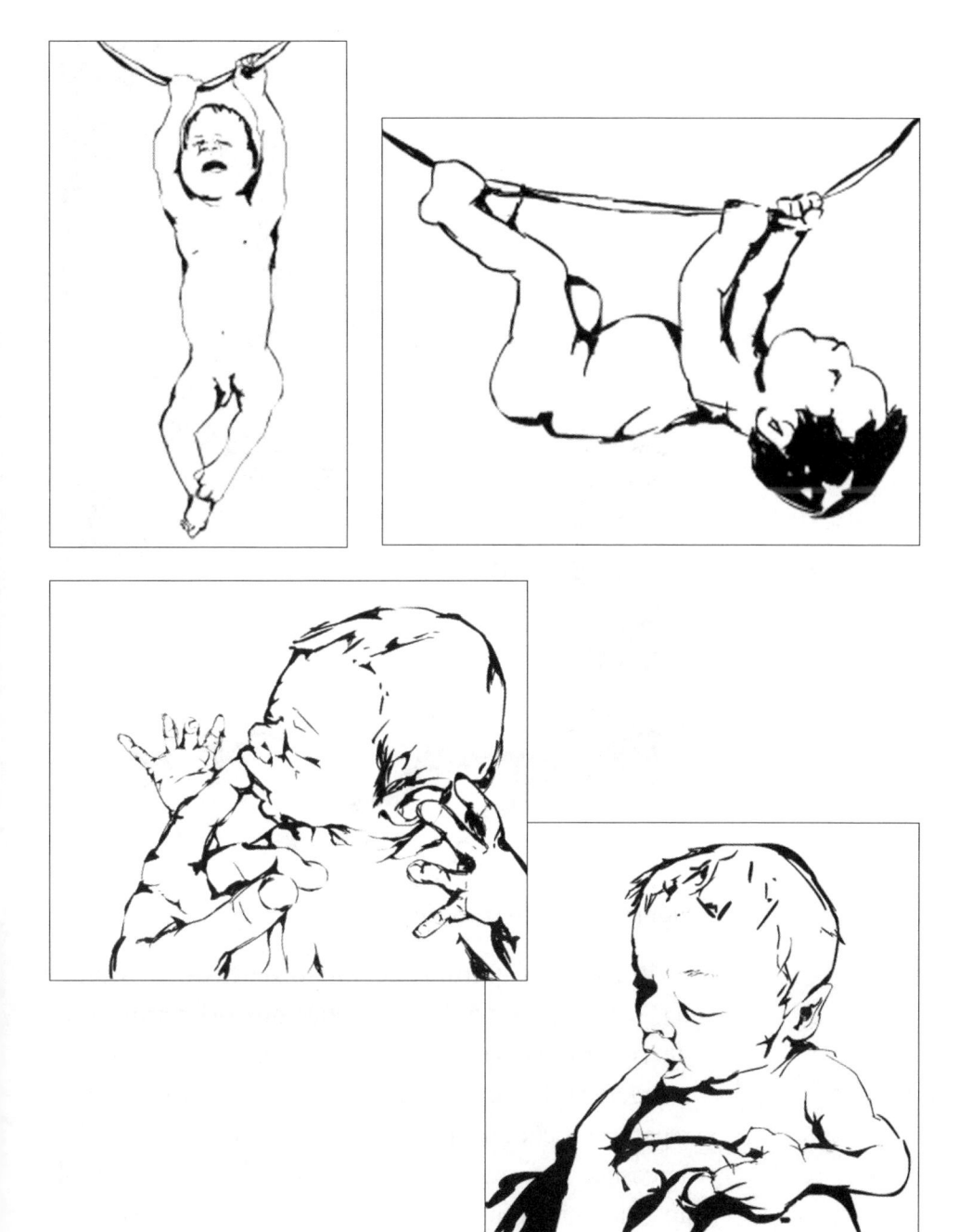

Figura 22 – Reflexo dos pontos cardeais

Figura 23 – Reflexo de sugar

Em muitas culturas ao longo da história humana, o modo de criação de bebês nos primeiros anos de vida privilegia essa correspondência estreita entre a organização do bebê e seu ambiente: as mães carregam os bebês ao peito (ou em sacolas penduradas às costas), em que eles têm acesso relativamente fácil ao seio, são aquecidos e embalados pelo corpo da mãe, escutam as batidas de seu coração, veem rostos humanos em contato frontal, ouvem vozes humanas.

Outras culturas adotaram modos de criação em que o bebê passa boa parte do tempo distante do corpo da mãe. Nesses casos, é comum o uso de estímulos substitutivos: um paninho macio (ou um bichinho de pelúcia) perto do rosto; um berço que balança; uma chupeta. Também é muito mais frequente o choro, o único recurso de comunicação distal de que o bebê recém-nascido dispõe, e que nesse modo de criação torna-se mais importante e mais utilizado.

A existência desse recurso distal é, ela própria, um sinal da flexibilidade ou adaptabilidade do bebê a modos diferentes de criação. Nos primeiros anos de vida, o modo de criação varia muito de cultura para cultura, conforme suas condições de subsistência, sua estrutura e organização familiar e, sobretudo, conforme as concepções sobre os papéis que a mulher-mãe deve assumir nessa fase e os apoios com que conta para desempenhá-los. Portanto, a flexibilidade ou adaptabilidade do bebê é fundamental para sua sobrevivência em diferentes contextos de criação, nos quais, evidentemente, suas reações, suas emoções e suas percepções também serão diferentes, e idealmente se ajustarão a diferentes modos de vida.

A questão do choro nos leva a outro aspecto fundamental das competências adaptativas do bebê: sua capacidade de expressão e comunicação.

O choro pode ser sentido como um comportamento inadequado, irritante ou no mínimo desconfortável para o adulto (e é realmente muito desconfortável – adultos em geral reagem ao choro procurando identificar e remover sua causa, tomando o bebê ao colo e balançando-o, alimentando-o, limpando-o etc.). Sob a ótica da adaptação biológica, é muito útil que o choro incomode o adulto, porque é o único recurso comunicativo distal – isto é, que funciona a distância – de que o bebê pequeno dispõe. Bebês criados em contato com o corpo da mãe praticamente não precisam chorar para se comunicar: seus movimentos comunicam à mãe que estão inquietos, precisando de alimento ou de alguma outra coisa; em geral, as mães dessas culturas respondem a esses movimentos ajeitando o nenê de forma que ele alcance o seio, ou tentando identificar qual é o desconforto que o nenê está sinalizando. Já em culturas onde é necessária a comunicação distal, o choro é mais frequente, substituindo a comunicação tátil.

Desde muito cedo, os choros se diferenciam em padrões distintos, que podem ser identificados por análise espectrográfica, e que as mães rapidamente aprendem a distinguir: fome, dor, "braveza". E não são apenas causas orgânicas como fome, frio ou dor que produzem choro: muitas observações e estudos experimentais mostraram que a ausência da estimulação social, ou seja, a ausência da estimulação fornecida por outro ser humano, provoca choro (por exemplo, um bebê pode começar a chorar se uma pessoa para quem está olhando sumir de sua vista). Será que isso é tão surpreendente? A solidão não é fácil para um adulto, por que seria para um bebezinho, a menos que se pense que ele ainda não é bem um ser humano?

Wallon sustenta que os seres humanos, por serem biologicamente sociais, nascem fundidos com o outro (como se fossem parte dele, tal como na vida intrauterina) e que o processo de desenvolvimento envolve uma diferenciação progressiva na direção da individualidade; ao longo de toda a vida, os seres humanos alternariam estados de fusão (ou profunda necessidade e mistura com o outro) e de diferenciação (ou necessidade de independência e individualidade). Essa noção vai ser encontrada novamente no próximo capítulo, a respeito do desenvolvimento da primeira relação afetiva.

Mas, além de chorar, o bebê também sabe sorrir e expressar com a face vários outros estados emocionais. Já vimos que bebês recém-nascidos reagem a estímulos gustativos e olfativos com expressões faciais reconhecíveis pelo adulto. O mesmo ocorre em relação à dor, o que dá muito o que pensar sobre as práticas pediátricas usadas logo após o nascimento.

Desde os primeiros dias de vida, o bebê apresenta uma expressão facial em que os lábios se abrem e se distendem. Essa expressão aparece em geral em estados de sono ou sonolência, frequentemente logo depois da mamada; não parece relacionada com algo que esteja acontecendo no mundo exterior e, muitas vezes, ocorre em combinação ou em sequência a outras expressões de distensão e relaxamento da face, e com os olhos fechados. É o sorriso chamado "não eliciado", ou seja, produzido por estados internos e não pela interação com o outro. Para muitas mães e muitos pais, no entanto, já é reconhecido como um gesto humano e de sociabilidade, que os faz atribuírem ao bebê sentimentos que eles podem identificar ou interpretar. Essa interpretação orienta as reações dos adultos ao bebê, que vão constituir parte de seu processo de desenvolvimento.

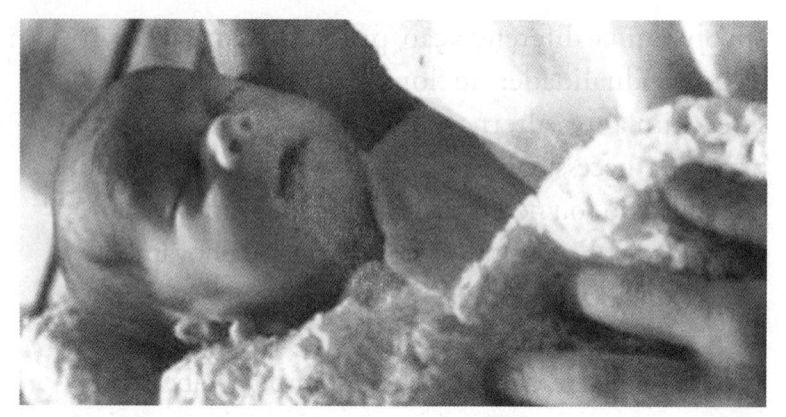

Figura 24a – Expressões de bem (1) sobrancelhas erguidas

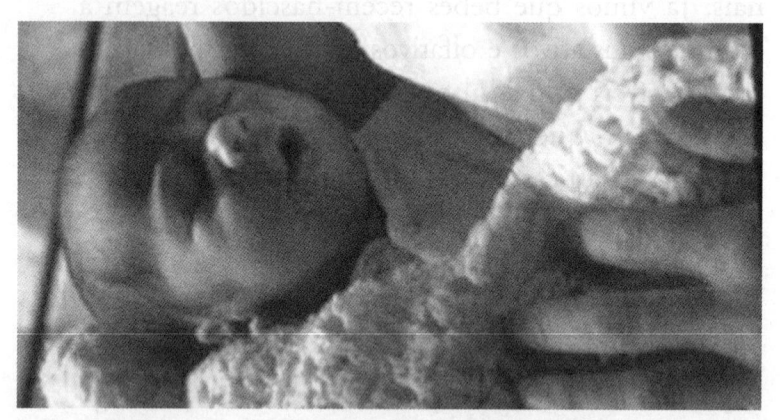

Figura 24b – Expressões de bem (2) biquinho

Figura 24c – Expressões de bem (3) sorriso não eliciado

Entre a terceira e a sexta semana de vida, o bebê começa a sorrir para estímulos sonoros (a voz feminina é, inicialmente, o estímulo mais eficiente para produzir um sorriso); em seguida, para rostos humanos ou figuras que os representem grosseiramente, como já vimos antes. Pode-se perguntar: para que os bebês sorriem? Qual é a função dessa expressão, ou de outras expressões faciais e vocais, como caretas de agrado e desagrado, ou choro, gorgolejos? Para responder a essas questões, basta observar as reações dos adultos a essas expressões. O sorriso, especialmente, parece ser uma arma muito poderosa de que o bebê dispõe para recompensar e cativar os adultos que cuidam dele e fortalecer uma relação indispensável para seu desenvolvimento: sua sobrevivência e sua entrada no mundo sociocultural são mediadas necessariamente pelo cuidado e pelo afeto dos adultos que o cercam. Por outro lado, sinalizar desconforto ou dor é importante para que o adulto se mobilize e providencie a remoção da fonte de desconforto.

Resumindo, o que o conjunto desses dados constrói é o retrato de um bebê que, ao nascer, traz um conjunto de adaptações que faz que ele selecione, no ambiente ao qual está exposto, aqueles aspectos que vão lhe permitir e vão maximizar o intercâmbio com uma modalidade particular de ambiente: o outro ser humano. Nesse sentido, o nenê participa da construção de seu ambiente psicológico a partir do que o mundo lhe oferece. Esse ambiente corresponde ao que o processo evolucionário produziu no caso do ser humano: um ambiente social, dotado de especificidades culturais, que constituirá esse bebê como um membro de uma sociedade e de uma cultura particulares. Alguns aspectos de como se dá esse processo é o que vamos explorar nos próximos itens deste capítulo e nos capítulos seguintes.

3. Um comunicador nato

As décadas de 70 e 80 do século XX presenciaram uma verdadeira explosão de estudos observacionais e experimentais sobre a interação mãe-bebê. Analisando minuciosamente expressões, vocalizações, movimentos corporais e posturas de mães e bebês em interação em diversas situações, esses estudos demonstraram a existência de adaptações surpreendentemente finas do bebê para a troca social. Por exemplo:

- Os movimentos do bebê sincronizam-se com o som da fala humana, em uma espécie de dança que foi chamada "espelho biológico" ou "ecobiológico".
- O bebê apresenta padrões rítmicos de atenção, isto é, alterna seu olhar entre o contato com os olhos da mãe e o ambiente. Isso, por um lado, evoca na mãe tentativas de recuperar o contato de olhar e, posteriormente, permite que a atenção da mãe e a do bebê sejam sincronizadas em relação a algum aspecto do ambiente, por exemplo, um brinquedo.
- O bebê tem expectativas temporais em relação ao comportamento da mãe, isto é, alterna turnos de resposta e expectativa de resposta do parceiro, como em um diálogo.

- Em situações experimentais em que vê o rosto da mãe orientado para ele, mas sem expressão ou respondendo de forma não sincronizada (por exemplo, interagindo com outro parceiro social), o bebê mostra desconforto, evitação do olhar da mãe e até choro.
- Bebês de poucas horas de vida imitam algumas expressões faciais como "beicinho", "botar a língua" e franzir as sobrancelhas; ao longo das primeiras semanas imitam gestos e posturas compatíveis com suas limitações motoras (por exemplo, movimentos de braços/pernas).
- Bebês de três meses já produzem – e reconhecem – as expressões faciais de emoções humanas básicas como alegria, surpresa e tristeza.

Como você acha que os adultos reagem a essas manifestações comportamentais do bebê? Se você já observou uma díade mãe-bebê brincando, sabe que os adultos respondem a indicadores muito sutis do estado motivacional do bebê, mesmo que não tenham consciência disso; essas respostas têm características ajustadas ao comportamento e às competências do bebê:

- Ao interagirem com o bebê, colocam-se em posição face a face a uma distância de cerca de vinte centímetros, que é a melhor distância para que o bebê enxergue com nitidez (embora não para o adulto).
- Mesmo que tenha sido instruído para não sorrir ou apresentar outra expressão de saudação, ao estabelecer contato face a face com o bebê, o adulto não resiste a responder.

- Adultos – e mesmo crianças um pouco mais velhas – usam uma forma peculiar e facilmente reconhecível de verbalização ao falarem com o bebê e com crianças pré-verbais, o chamado *baby talk* ou *manhês* (*motherese*): voz mais aguda, cantada, gramática, vocabulário e pronúncia simplificados.
- Os movimentos, expressões e vocalizações do bebê são ativamente interpretados pelo adulto, que lhes atribui significados ou intenções e responde de acordo com essa interpretação. Kenneth Kaye, pesquisador americano que estuda a vida social e mental dos bebês, diz que a evolução produziu bebês capazes de tapear os pais e fazer que eles os tratem como mais inteligentes do que eles realmente são; e que é porque os pais se baseiam nessa ficção ao interagirem com o bebê que ela acaba por se tornar verdadeira...

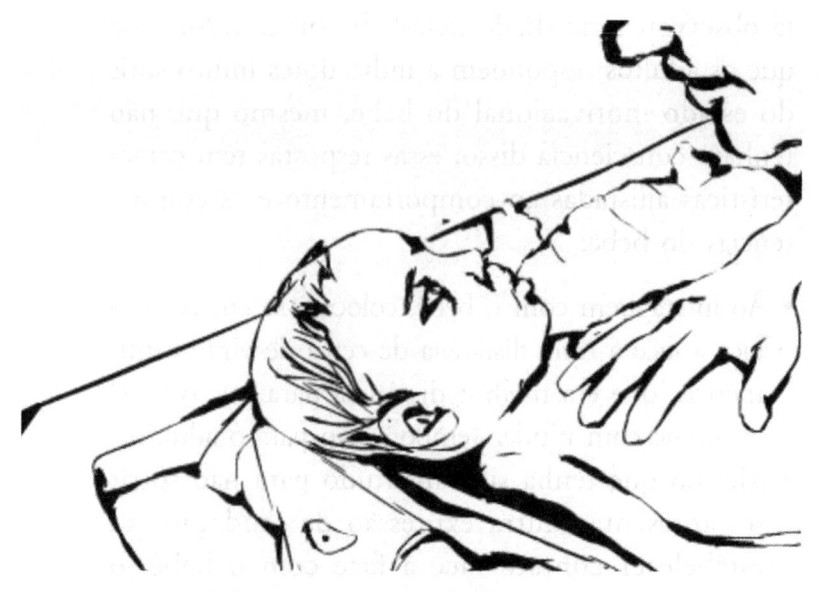

Figura 25 – Mãe conversa com bebê

O bebê nasce, portanto, preparado para o reconhecimento do ambiente social imediato e para a comunicação com ele. E esse ambiente está preparado para acolhê-lo e entrar nesse jogo comunicativo. Por exemplo, bem antes de falar, a criança olha para a mãe ou para outro adulto significativo para se situar em relação a eventos com que se defronta, o que se chama de referenciamento social. Quando encontra uma pessoa ou um objeto estranhos, olha para a mãe e observa suas reações: se a mãe se mostra tranquila, a criança assume uma atitude receptiva; se a mãe se assusta ou se mostra tensa, essa atitude orienta a da criança. Mesmo involuntariamente e sem consciência disso, o adulto está continuamente se comunicando com a criança, e vice-versa.

4. Mãe e bebê: a evolução de um sistema bem ajustado

Para compreender esse ajustamento entre as competências do bebê, as características de seu ambiente social e a responsividade de seus parceiros sociais, é útil retomar o ponto de vista evolucionista apresentado no capítulo II. A evolução das competências do recém-nascido só pode ser entendida se for considerada sua eficácia no ambiente, do qual faz parte essencial a mãe (ou outro parceiro relevante); assim, se a resposta da mãe não se ajustasse aos comportamentos do bebê, esses comportamentos não seriam funcionais nem poderiam ser preservados pela seleção natural. A responsividade da mãe tem, portanto, de ser selecionada paralelamente à evolução das competências do bebê, que se revelam nas suas capacidades perceptuais, motivacionais e expressivas.

A díade mãe-filho evoluiu de mãos dadas: a pressão seletiva se exerceu sobre o resultado da interação entre as expressões fenotípicas das características genéticas dos dois componentes da díade. É um caso de evolução de sistemas interativos, que também ocorre em outras espécies. Sistema interativo significa justamente o que foi descrito anteriormente: as competências perceptuais e preferências motivacionais do recém-nascido relacionam-se a propriedades que estão presentes de forma privilegiada no corpo da mulher (nesse sentido, pode-se dizer, quase poeticamente, que o ambiente natural de um bebê é o corpo da mãe...) e suas habilidades sociais encontram eco na responsividade da mãe: cada um desses organismos (mãe e bebê), nestes aspectos, é funcional no contexto da interação com o outro.

Nunca é demais repetir que a concepção sobre o que é um bebê, de um ponto de vista evolucionista, não implica determinismo genético ou ignorar o papel do ambiente ou da cultura: a própria evolução seria impossível sem a interação gene-ambiente, o que no caso do ser humano inclui a cultura como parte essencial. Ao contrário, essa concepção implica que bebês nascem equipados de tal forma que sua existência e desenvolvimento são impossíveis fora de um ambiente humano e, portanto, sociocultural, que é o ambiente onde se processou a evolução humana. Por isso mesmo, nascem muito bem preparados para mergulhar nesse ambiente e para ajustar-se às suas especificidades culturais, um ajustamento que vai ser mediado por suas interações com os seres humanos que o cercam.

Um bebê pode perfeitamente ser criado longe do corpo da mãe, mas, para isso, mimetizamos esse corpo de diversas maneiras: chupeta, berço que balança, estimulação visual, sonora e tátil (calor, objetos macios). Ambientes diferenciados de criação, que ocorrem ao longo de toda a história humana, inevitavelmente redescobriram essas necessidades básicas da organização biológica do ser humano. Essas necessidades não são irrelevantes ou acidentais. Elas estão relacionadas e são a condição de realização de outra característica fundamental da vida e do desenvolvimento humano: o estabelecimento de relações afetivas, que por sua vez é a condição para a inserção do bebê em um mundo sociocultural, o único tipo de ambiente que pode constituir um ser humano individual.

Capítulo V

A PRIMEIRA RELAÇÃO AFETIVA

A primeira relação afetiva

O que aconteceu com esse bebê que era tão tranquilo, aceitava o colo de qualquer pessoa e agora "estranha", chora quando a mãe sai de perto e não quer saber do consolo de ninguém? Pois é, ele não regrediu, como supõem algumas mães: ao contrário, está se desenvolvendo. Ele construiu uma relação, ou seja, ele agora discrimina as pessoas com quem interage e por isso reage de maneira diferente com pessoas conhecidas e desconhecidas.

Na literatura psicológica, essa primeira relação afetiva é chamada de apego. É a primeira relação estável que um ser humano estabelece, em geral com a mãe, mas não necessariamente com a mãe biológica ou apenas com ela, como vamos ver mais adiante. Tanto a mãe como o bebê foram equipados para o estabelecimento dessa relação por milhares de anos de evolução da espécie humana, durante os quais a proximidade com o outro foi um fator fundamental de sobrevivência. As bases desse equipamento, da parte do bebê, já foram descritas no capítulo anterior e consistem principalmente em capacidades discriminativas e de sinalização de estados de bem-estar e de mal-estar: o bebê humano é extremamente imaturo e dependente do ponto de vista motor e, por isso mesmo, precisa ser muito hábil em conseguir que o outro cuide dele. Para isso, como já vimos, a evolução o dotou de gestos, posturas e vocalizações que mobilizam o adulto e fazem que ele o atenda. E aí entra o lado do adulto (mãe, pai, avó, tia, babá, educadora etc.).

Embora haja muitas diferenças culturais nas práticas de criação, os seres humanos têm, desde a infância, a tendência a responder aos sinais emitidos por bebês, como choro, sorriso e outras expressões faciais, com comportamentos característicos: atenção, contato físico, fala "maternal" com entonação aguda, à qual o bebê responde melhor. Ademais, em nossa cultura pelo menos, as pessoas tendem a interpretar as vocalizações e expressões do bebê como comunicativas, estabelecendo com ele um diálogo desde os primeiros dias (ou mesmo quando ainda está no útero), constituindo-o como um parceiro de interação. Observem como uma mãe conversa com o bebê que se mexe no útero, como fala com ele ao trocá-lo, respondendo por ele/ela em uma espécie de jogo de faz de conta no qual assume ambas as vozes, como no diálogo seguinte, observado entre uma mãe e seu bebê de 39 dias, em um intervalo de mamada:

Mãe: – Você quer mamar mais, filhinho?
Bebê (a mãe muda a entonação, falando pelo bebê que a olha atentamente): – Eu já tô cheinho, mamãe! Eu quero é arrotar!

O mesmo tipo de interação pode ser observado em crianças brincando de casinha e amamentando a boneca ou um bicho de pelúcia, ou interagindo com um bebê.

Mas por que o bebê não pode simplesmente aceitar o cuidado de qualquer pessoa, conhecida ou desconhecida? Por que seria preciso uma relação para conseguir o cuidado do adulto? A resposta a essa pergunta envolve várias considerações sobre as características específicas do ser humano.

1. Passarinhos, patinhos e bebês

Em muitas espécies animais, os filhotes são cuidados pelos pais ou por um deles até poderem sobreviver por si mesmos. O que significa sobreviver por si mesmo, entretanto, varia bastante e também os mecanismos pelos quais se mantém a ligação entre pais e filhotes. Filhotes de passarinho dentro do ninho, por exemplo, precisam apenas escancarar o bico exibindo a goela esfomeada para que os pais que se aproximam voando depositem o alimento dentro de seus bicos. Se um filhote cair do ninho, azar dele: os pais passarinhos em geral não reconhecem individualmente seus filhotes – só reagem às goelas abertas! Os filhotes crescem, criam plumas e saem voando: acabou a infância deles e o trabalho dos pais com essa ninhada. Agora, só na próxima primavera, com uma nova ninhada!

Outros filhotes têm problemas diferentes: quando saem do ovo ou da barriga da mãe, já conseguem se locomover e até se alimentar, mesmo que meio desajeitadamente no começo. Se saíssem andando pelo mundo, provavelmente iriam se perder e acabar servindo de almoço para algum predador. É o caso dos pintinhos, patinhos, gansinhos e outros bichos chamados de "precoces" ou "não altriciais". A evolução cuidou para que isso não acontecesse, criando o mecanismo da estampagem: o filhote nasce organizado de maneira a seguir o primeiro objeto de determinado tamanho que se locomova diante dele e que quase sempre é sua mãe, que está sentada no ninho chocando os ovos (mas podem acontecer acidentes: se por acaso não é a mãe esse primeiro objeto, o filhote vai se estampar "errado", por exemplo

Figura 26 – Patinhos seguindo o objeto estampado

em uma bola ou em uma caixa movidas por um experimentador ou até no próprio experimentador, como relataram Lorenz e Hess, dois importantes teóricos da estampagem). A partir daí, o filhote seguirá esse objeto e fugirá de outros; quando crescer, ele provavelmente vai cortejar um objeto semelhante a esse ao qual se ligou ao nascer.

É claro que o caso do bebê humano é bem mais complicado, embora seja possível fazer uma analogia superficial com a estampagem. Como o patinho, o bebê também forma uma ligação com pessoas que estão mais em contato com ele, mas isso leva muito mais tempo, envolve um processo bem mais complexo e tem funções muito mais amplas. Basta pensar que, para uma criança se tornar um ser humano adulto, não basta aprender a andar e a comer sozinha! O que torna um ser humano adulto varia de sociedade para sociedade e ao longo da história, porém inevitavelmente inclui a inserção em uma cultura, porque, como vimos no capítulo II, ser cultural é uma característica essencial da espécie humana. Como parte dessa inserção, tornar-se adulto inclui a aquisição de uma linguagem articulada, variável de sociedade para sociedade, de modos de ver e interpretar as pessoas, a si próprio e ao mundo, de pensar, de agir e de interagir, que são característicos de cada sociedade. Para tudo isso, é preciso muito mais tempo do que o necessário para o desenvolvimento de qualquer outro animal – até mesmo o macaquinho, que também depende de sua mãe e passa um bom período pendurado nela.

Figura 27 – Macaquinho transportado pela mãe

Principalmente, é preciso depender do outro ser humano que, nas interações que estabelece e nos cuidados que provê à criança, interpreta para ela o mundo e a si própria e a educa para viver nessa sociedade. É apenas na interação com o outro que o desenvolvimento humano é possível. Dá para entender melhor agora por que o bebê humano nasce tão incompetente do ponto de vista motor, porém tão competente para a troca social?

Agora vamos pensar de novo sobre a questão da relação. Será que a evolução não podia ter dado um jeito de fazer as crianças nascerem com mecanismos automáticos de reconhecimento da mãe, como os passarinhos no ninho? Já vimos nos capítulos anteriores que a criança até nasce equipada para reconhecer, na confusão dos estímulos ambientais, aqueles que sinalizam outro ser humano e que, durante a vida intrauterina, ela já aprende a reconhecer algumas características da mãe, por exemplo, a voz e o cheiro. Isto, porém, constitui apenas uma orientação inicial, à qual correspondem, na mãe, as fantasias, percepções e ideias que ela constrói em relação a seu bebê, desde o momento em que sonhou com sua vinda ou em que o gerou, as quais são alimentadas pela rede de significações que ela vem elaborando por meio de suas experiências de vida naquela cultura e grupo social específico.

Ao longo dos primeiros meses de interação do bebê com essa mãe em particular, que interage com ele de certa forma, que fala determinada língua, que sente, pensa e se comporta como membro de determinada sociedade, a díade mãe-bebê constrói uma relação muito especial. Essa relação se estende por toda a vida, em certos momentos de forma harmônica, em outros cheia de conflitos, servindo de base à constituição de ambos os parceiros como sujeitos, membros dessa sociedade em particular.

Quanto tempo leva a construção inicial dessa relação? Quando é possível dizer que a criança está apegada a esta ou aquela pessoa? Isso varia de criança para criança e conforme as interações que ela estabelece com a mãe e outros familiares, as quais por sua vez variam conforme as condições de criação e a rede de relacionamentos em que a criança está inserida. Entretanto, é em geral a partir de seis meses, e mais claramente depois de oito meses, que se notam os sinais claros de que a criança está apegada: mesmo antes de engatinhar ela se orienta preferencialmente para a mãe (ou outra figura de apego como o pai ou a avó, por exemplo), sorri e se comunica mais com a mãe e busca proximidade com ela. No colo da mãe, ela sossega, mesmo quando está desconfortável ou doente; se uma pessoa estranha se aproxima, ela se refugia "nas saias da mãe" e, desse porto seguro, olha de esguelha para o estranho ou para a situação desconhecida. Não é bem útil que isso esteja estabelecido justamente por volta da fase em que o bebê começa a ter locomoção independente e, portanto, poderia se extraviar no mundo, ser pego por um predador ou por um automóvel, se não tivesse criado esse vínculo?

Figura 28 – Reação a um estranho

Essa relação temporal entre maior independência locomotora e o vínculo estabelecido chamou a atenção de John Bowlby, um dos principais teóricos do apego. Ele propôs que, no decorrer da evolução humana, a função primordial do apego teria sido a proteção contra os predadores que rodeavam os acampamentos dos hominídeos. Os predadores de hoje não são mais tigres ou lobos, mas imagine um bebê de um ano saindo pelo portão afora e atravessando uma rua movimentada...

Você já observou mães e crianças em uma praça ou em um parque? Fizemos isso sistematicamente na Inglaterra na década de 1970: levávamos de cada vez quatro mães com seus filhos de 15, 21, 27, 33 e 39 meses para uma praça, em um total de sessenta crianças, e ficávamos observando. As mães ficavam sentadas nos bancos batendo papo e as crianças ficavam brincando. Em qualquer situação de perigo (por exemplo, a criança aproximando-se do escorregador ou dos balanços), a mãe corria atrás; se um estranho ou um cachorro se aproximavam, tanto a mãe como a criança se procuravam. É como se fosse um elástico que não se estica mais do que certa distância: a criança vai se afastando, atraída por seu interesse e pela curiosidade em relação à novidade. Se for longe demais, a mãe corre para buscá-la; a partir de certa distância, a criança se volta e olha para a mãe, como para se certificar de que ela continua ao seu alcance. É como um sistema de mísseis: a base controla o que o míssil está fazendo, e o míssil aciona a base se perceber algum perigo.

Essa função da figura de apego como porto seguro foi verificada por Mary Ainsworth, uma pesquisadora que trabalhou muito com Bowlby, ao observar e investigar tanto crianças de tribos em Uganda, na África, como crianças americanas urbanas.

Figura 29 — Mãe e filho se monitoram no parque

O tamanho da distância de segurança não depende apenas de fatores externos, mas também de estados internos. Se ambos os parceiros estão tranquilos, em um ambiente familiar, a distância pode aumentar bastante. Porém se a criança está cansada ou doente, em geral não quer saber de se afastar da mãe nem um minuto; se a mãe está mal, preocupada ou depressiva, a criança sente seu distanciamento e procura restabelecer a proximidade; se ficou um tempo separada da mãe por qualquer motivo (por trabalho, viagem ou doença), a criança fica "agarrada", como que para se certificar de que não vai perdê-la de novo.

Do ponto de vista da função de proteção e segurança, o apego humano é parecido com as relações mãe-filho entre vários outros animais (quando estas existem, porque há muitos casos em que o filhote nunca se encontra com a mãe; por exemplo, as tartaruguinhas que são chocadas pelo sol em buracos na areia). O gansinho assustado ou machucado também procura a proximidade e o conforto da mãe que ele aprendeu a reconhecer por meio da estampagem. Mas o bebê precisa muito mais do que isso...

2. O ninho e o mundo

A proximidade da figura de apego provê segurança. Porém existe também um mundo cheio de atrações e novidades, que precisa ser conhecido para ser vivido, e por isso a evolução criou outro sistema, que se alterna com o de apego: a exploração. Está tudo tranquilo, a mãe está à vista, a criança pode se afastar, explorar as novidades do mundo, inclusive as que causam um pouco de medo... O importante é saber que a mãe está perto para o caso de alguma emergência ou de uma novidade assustadora demais. A própria mãe com frequência apoia e até estimula essa exploração. Todavia, quando não há figuras de apego por perto, ou quando o ambiente é estranho, a criança explora menos, permanecendo mais quieta e "bem comportada". É comum ouvir-se dizer que, perto da mãe, ela vira um "capeta"! É como se a criança entregasse à figura de apego o controle da situação, sentindo-se à vontade para explorar o mundo com suas novidades e seus perigos.

Em trabalhos sobre a organização espacial de creches e seus efeitos sobre o comportamento das crianças, já mencionados no capítulo III, encontramos um resultado muito interessante: as crianças se soltam mais da educadora (que nessa situação desempenha o papel de figura de apego) quando o ambiente é mais estruturado, formando "cantos" nos quais as crianças se entretêm sozinhas ou com outras crianças, mas só se o arranjo do ambiente permitir que a criança veja onde está a educadora. Se as paredes ou estantes que formam os cantos forem altas, encobrindo a visão do adulto, a criançada se amontoa em volta dele...

O apego favorece, portanto, que a criança descubra o mundo e aprenda sobre ele, e isso não ocorre apenas por meio da segurança que a proximidade da figura de apego lhe oferece para explorá-lo. Estando perto do adulto ao qual está apegada, a criança também tem nele um modelo para imitar, um parceiro mais experiente do que ela, que pode lhe desvendar os significados dos objetos do meio e das ações dela própria e dos outros na cultura particular da qual ela é membro. Há tanta coisa para aprender!

Entre outras coisas, o bebê vai aprender, à medida que suas capacidades cognitivas evoluem, que nem sempre o que não está à vista deixou de existir. Uma criança de três, quatro meses não procura o brinquedo que você esconde bem diante de sua vista: é como se ele não existisse mais. Este é um dos testes que Piaget fazia para estudar o desenvolvimento da permanência do objeto. Para o bebê que não tem ainda essa habilidade relativa à permanência do objeto, a mãe que sai de sua vista e vai para o trabalho, por exemplo, deixou de existir, e ele nem protesta contra sua ausência, embora possa estranhar a forma como outra pessoa o segura, alimenta ou troca.

Mary Ainsworth e seus colaboradores, que estudaram as reações de crianças americanas em uma situação experimental que envolvia separações curtas da mãe (a chamada "situação estranha"), fazem um paralelo interessante entre as fases de desenvolvimento cognitivo de Piaget e as fases do apego. Segundo eles, os protestos à separação surgem por volta dos seis meses, quando a criança já adquiriu a noção de permanência do objeto, e diminuem à medida que a criança adquire noções de tempo e espaço e passa a compreender a linguagem verbal, podendo entender que uma mãe temporariamente ausente não está perdida para sempre e que irá voltar em breve.

Acabou o apego? Certamente não! O apego continua a vida inteira e novos vínculos são estabelecidos com outras pessoas – amigos, companheiro/a, filhos, embora em número sempre limitado, pois se trata de relações especiais que se mantêm através do tempo.

Mudam as formas de manifestação, o modo de lidar com o apego torna-se mais internalizado, simbólico. A busca de proximidade deixa de ser física; pode ser um pensar no outro, um telefonema, uma carta – embora muitas vezes ainda se revele em um bom abraço... O adolescente e o jovem adulto aparentemente se afastam dos pais, abrem-se para novas relações, viajam, esquecem-se de telefonar... Mas, se acontece alguma coisa com eles ou mesmo se eles sonham que os pais não estão bem, o sistema da exploração é inibido e o de apego é ativado: houve um sinal de perigo, é hora de entrar em contato, de voltar ao ninho! Na hora de crises ou apertos, o jovem adulto também sonha em ter a mãe por perto, receber seu carinho, sua compreensão, sua ajuda.

3. Eu e o outro

A alternância entre apego e exploração pode ser vista, em outro nível, como um jogo ou processo de alternância entre fusão e diferenciação.

Na criança pequena, a relação com a figura de apego é de fusão: é como se o adulto fosse a continuação dela, como se fossem uma única coisa, fundida. À medida que as experiências de interação se processam, inclusive pela frustração de desejos (ela quer a mamadeira e o adulto não dá? É como se um pedaço dela estivesse em desacordo com outro!), a criança vai percebendo gradualmente que ela e o adulto não são a mesma pessoa, vai se diferenciando e se individualizando.

O polo da fusão é o do pertencimento, da segurança, da familiaridade, mas também o da desindividualização, do sentimento de ser engolido ou afogado pelo outro. Quando a criança começa a se diferenciar do outro, inicia-se um jogo que vai durar a vida inteira e que tem algumas fases muito claras: A criança que falava: "Joãozinho quer..." passa a falar: "Eu quero...". E ele quer mesmo! É "Não!" para tudo... É se opondo que ele constrói sua autonomia, diferencia-se e pode se perceber como sujeito individual. O mesmo acontece na adolescência. Estou fundido com minha família, com meus pais; para me sentir diferente e saber quem sou, entro em oposição: coloco a música no máximo, passo a me vestir de forma diferente, a desafiar regras...

Porém o polo da diferenciação é também o do isolamento, da solidão, do sentimento de não pertencer. A um processo de diferenciação, acaba correspondendo um de fusão: o adolescente se funde aos companheiros da mesma idade, adota o mesmo tipo de roupa, o corte de cabelo, o tênis, as preferências musicais; o casal amoroso que está se afogando na relação, perdendo a individualidade, pode reagir, afastar-se, conquistar uma sensação de liberdade, de autonomia; quando começam a se sentir sozinhos demais, volta a necessidade de estar perto do outro, com quem podem compartilhar.

Seres humanos são seres de relação, isto é, necessitam do outro ser humano, porém são também indivíduos que buscam constantemente sua própria identidade, como mostrou o psicanalista humanista Erik Erikson. Durante toda a vida, o desenvolvimento se dará por meio de um jogo de alternância e busca de equilíbrio entre fusão e diferenciação.

4. Apego e comunicação

Por meio da relação de apego com alguém que interpreta o mundo para ela e ela para o mundo, a criança comunica-se e interpreta o outro e o mundo, inserindo-se na linguagem e na cultura. Antes de a linguagem verbal estar estabelecida, é fundamental que essa comunicação ocorra por intermédio de uma pessoa conhecida. Não é verdade que, quanto mais íntimos somos de uma pessoa, melhor entendemos seus sinais, seus gestos, tudo que ela transmite sem falar ou mesmo as entonações de sua voz, o significado de suas palavras em contextos diferentes? Não é verdade que pode ser difícil tomar conta de um bebê que não é o nosso, mesmo que ele não nos estranhe, porque não sabemos decodificar os seus sinais, entendemos mal seus ensaios de articular palavras, que a mãe facilmente decifra? Mesmo para a criança que já fala algumas palavras, a comunicação com outros depende da leitura que estes fazem de todo o contexto; essa leitura é muito facilitada pela convivência e pelo envolvimento afetivo que têm com essa criança.

É fácil perceber a importância da continuidade das relações para a comunicação quando lembramos que a língua, como muitos outros sistemas de comunicação, é um código arbitrário e dinâmico, isto é, está sempre se transformando, e que mesmo entre adultos a atribuição de sentido depende de leitura de contexto, da natureza da interação e da posição de que se fala ou escuta. Pense no caso da gíria: palavras e expressões novas estão sempre sendo inventadas e, principalmente nesses casos em que elas não se incorporam rapidamente à língua escrita "oficial", é por meio da troca interpessoal que elas se estabelecem e se difundem, porque é a continuidade da troca que permite que elas sejam compartilhadas. Da mesma forma que os grupos de adolescentes que recriam a língua como forma de diferenciar sua identidade, cada díade mãe-bebê recria o fenômeno da comunicação com a própria linguagem, seus códigos e sinais particulares.

Ao longo dos dois ou três primeiros anos, portanto, a comunicação depende crucialmente da existência de uma relação estável, porque o bebê ainda não compartilha eficientemente as várias linguagens compartilhadas pelos membros de seu grupo social. À medida que cresce o domínio da linguagem verbal, e de outras linguagens próprias de cada cultura, vai se tornando mais fácil entrar em comunicação com outras pessoas, mesmo com estranhos, de tal forma que agora, dialeticamente, a comunicação torna-se um instrumento para gerar novas relações, nas quais, por sua vez, códigos novos, mais especializados ou mais gerais, irão sendo criados, apropriados e transformados. Um exemplo interessante é o acesso cada vez mais precoce a linguagens eletrônicas, permitindo interações com uma rede cada vez maior e mais diversificada de interlocutores nos mais diversos pontos do planeta.

5. O desenvolvimento do apego

Repare na curva de desenvolvimento do apego, que registra as reações de protesto da criança à separação da figura de apego, no caso a mãe. Nos primeiros meses o bebê reage pouco ao desaparecimento da mãe, ainda que já a reconheça e diferencie de outras pessoas. Por volta dos seis a oito meses, as reações de protesto se intensificam na maioria das crianças, sob a forma de choro, agitação, busca de proximidade e agarramento à mãe. Essas reações em geral permanecem ou se intensificam até mais ou menos dois anos de idade. Depois a curva se inverte, diminuem os sinais comportamentais de apego típicos dessa fase (busca de proximidade, ansiedade de separação, reação a estranhos): este bebê já consegue compreender a ausência temporária da mãe, já está falando e, portanto, se comunicando mais facilmente com outros parceiros. Com suas capacidades cognitivas crescentes, o mundo está ficando cada vez mais interessante e significativo para ele e o sistema exploratório é ativado cada vez com mais facilidade. A base segura ainda é necessária, principalmente em situações de desconforto, medo ou aflição, mas a proximidade física passa a ser menos essencial. Agora ele já sabe que tem uma mãe na ausência física dela: a figura de apego foi internalizada, ou seja, agora ela existe como representação. Não é por coincidência que uma curva muito semelhante descreve o desenvolvimento inicial do pensamento simbólico.

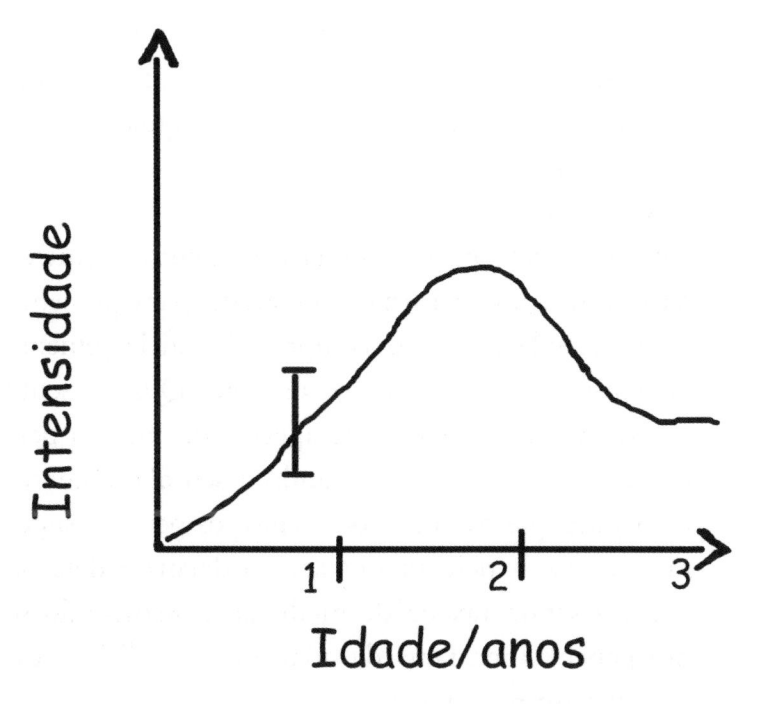

Figura 30 – Curva de desenvolvimento do apego

No entanto, desenvolvimento não significa progresso em uma única direção. O que ocorre são transformações que exigem contínuas reorganizações. Essa descontinuidade pode ser notada também em relação aos comportamentos de apego e às reações de estranhamento e medo. Muitos pais observam como que uma regressão na criança em torno de dois anos. Antes, revelava-se uma criança atirada, sem medo de nada; na praia, sapateava na espuma, rindo com o barulho e a quebrada das ondas à beira-mar. Recentemente, no entanto, passou a reagir com medo e agarramento em relação a coisas que antes não lhe provocavam o mínimo temor.

Passou a ter medo da cortina da sala que balança com o vento, do cachorro que se aproxima na rua, não se arrisca mais a pôr os pés na água do mar, acorda com medo à noite.

Como se explicariam essas mudanças? Pelo menos em parte, pelo próprio desenvolvimento cognitivo da criança, que a torna mais alerta para perceber perigos, ainda que não os compreenda suficientemente para distinguir se deve ou não os temer. Quando sente medo, recorre às figuras de apego, procurando permanecer próxima e protestando a seu afastamento. À medida que compreende melhor os perigos, supera essa fase – pelo menos se, no decorrer dela, já não foi sendo taxada de medrosa, constituindo-se um papel e uma fama da qual pode ser difícil desvencilhar-se mais tarde!

Há mais um correlato importante da relação afetiva em termos de desenvolvimento: a aceitação de limites sociais, que depende da capacidade de empatia, construída por meio das relações de apego estabelecidas na infância. À medida que me relaciono afetivamente com você, percebo que certas coisas podem magoá-lo(a), por isso tento limitar meus impulsos, aceitando controle, disciplina.

Bowlby sugere que, por trás de psicopatias graves, daquele indivíduo que mata e tortura sem piedade, que não parece capaz de sentir nenhuma empatia pelo outro, está frequentemente algum tipo de alteração na relação original de apego. Em entrevistas com 45 delinquentes, ele verificou que em seu passado havia vínculos interrompidos ou não estabelecidos: eram crianças criadas em orfanato, adotadas e depois rejeitadas sucessivamente. A ausência de vínculo afetivo nessa fase teria inibido o desenvolvimento da capacidade de empatia e o desenvolvimento moral decorrente. É importante lembrar, no entanto, que há outros tipos de atos delinquenciais de natureza bem diversa: por exemplo, os de indivíduos pertencentes à máfia ou outras gangues, que possuem fortes vínculos afetivos com outros elementos do grupo, como ilustram filmes como *O Poderoso Chefão*; tais indivíduos estão atuando conforme normas provenientes desses grupos a que pertencem, e que divergem das normais legais estabelecidas.

Deve estar claro a esta altura um aspecto fundamental de uma concepção adequada a respeito do processo de desenvolvimento. É usual falarmos de desenvolvimento motor, desenvolvimento cognitivo, desenvolvimento afetivo, desenvolvimento moral etc. Trata-se apenas de um recurso prático para sistematizarmos nossos conhecimentos. Na verdade, o desenvolvimento é um processo integrado: o ser humano individual se desenvolve como um sistema, cujos componentes estão intimamente interligados e reciprocamente regulados, muitas vezes de forma conflitiva ou desarmônica, exigindo reestruturações. Por exemplo, a imaturidade motora do bebê ao nascer coexiste e se articula com um desenvolvimento perceptual e expressivo avançado; embora o envolvimento afetivo seja sempre importante em termos motivacionais para qualquer ação, fases de intenso envolvimento afetivo podem coibir o desempenho cognitivo; quando uma criança explora intensamente suas capacidades de locomoção, raramente se observa um grande desenvolvimento de linguagem, e assim por diante. Ademais, o desenvolvimento humano está inserido em um sistema – de relações, grupos sociais, instituições igualmente interdependentes, envolvendo conflitos e contradições, e imersos na linguagem e na cultura.

6. Um único vínculo afetivo?

Que a relação afetiva seja fundamental, ainda mais para um bebezinho desamparado e que só sabe fazer na vida uma coisa – atrair a atenção do outro e tentar se comunicar com ele – parece de bom senso e é fácil de aceitar. Mas as formulações propostas aqui não derivam de senso comum: estão baseadas em muita observação e pesquisa sistemática, feitas por investigadores de diferentes países e de diversas orientações teóricas, como estudos de mães e filhos com vida familiar típica do modelo de sua sociedade (seja a família nuclear, seja a família extensa, seja um *kibbutz*, onde bebês são criados coletivamente ou outros arranjos); observações de situações planejadas e de ocorrências naturais de separação entre mãe e bebê; estudos de crianças órfãs ou abandonadas; observações clínicas; e até estudos com animais, principalmente primatas, para identificar semelhanças e diferenças que permitem compreender a especificidade do apego humano.

Um dos pontos mais controvertidos desses estudos é a questão da necessidade de uma figura única de apego: o bebê não poderia estabelecer apego com várias ou muitas pessoas se tivesse oportunidade de contato com elas?

A origem desta controvérsia está muito relacionada às condições em que foram realizados os primeiros estudos nesta área, no final da década de 1940 e início dos anos de 1950. Na Europa do pós-guerra, havia uma grande preocupação com o futuro das crianças órfãs ou abandonadas pelos pais, criadas em instituições muitas vezes em condições físicas inadequadas e com pouca atenção e alto rodízio de adultos. A guerra gerou também um aumento muito acentuado de participação das mulheres no mercado de trabalho, principalmente nas camadas sociais menos favorecidas, o que se refletia em necessidade de separação diária entre as mães e seus filhos pequenos, entregues a cuidados alternativos em creches ou outros arranjos formais ou informais. Deve-se lembrar que, nas grandes cidades europeias e norte-americanas, cenário da maioria dos estudos, já era comum a família nuclear, formada por pais e crianças, morando longe e com pouco contato com a família extensa (avós, tios, primos de várias idades), de forma que as mães em geral não contavam com alternativas de cuidados para os bebês dentro da família.

Em seus primeiros estudos, encomendados pela Organização Mundial da Saúde (OMS) em função dessas preocupações, Bowlby propôs o modelo do apego monomátrico: a relação natural e ideal seria com uma pessoa, em geral a mãe, e haveria prejuízo para a criança se o cuidado fosse compartilhado com outras pessoas nos primeiros três ou quatro anos de vida.

Esse modelo foi questionado quando se passou a levar mais em conta as diferenças culturais e de contextos de observação. Por exemplo, Rutter, psiquiatra e epidemiólogo inglês, levantou a hipótese de que os efeitos negativos observados na criação em orfanatos poderiam ser menos causados pela ausência da mãe do que por outras carências (alimentação inadequada, pobreza do ambiente, rotinas monótonas, falta de estimulação, impossibilidade de se estabelecerem relações com adultos que trabalhavam em rodízio ou que eram frequentemente substituídos). O problema não seria a criação coletiva em si mesma, mas a qualidade do ambiente e as condições em que ela se dava.

Por outro lado, observações feitas em famílias nucleares não podem ser generalizadas para outras situações. Em muitas sociedades, os bebês convivem com vários parceiros estáveis: o pai, os avós, irmãos, tios, primos, vizinhos de rua em cidades pequenas etc. É o caso típico de cidades de interior, em que crianças de várias idades, irmãos, primos e vizinhos, brincam juntos na rua, e a mãe ou outro adulto familiar só supervisiona de longe. É bem diferente do modelo de vida urbana que tende a ocorrer nas cidades grandes, com apartamentos ou casas estanques, pouco contato com a vizinhança e mesmo com a família extensa, impossibilidade de deixar as crianças brincarem na rua para não as expor a automóveis e outros perigos.

Um estudo realizado na Escócia com crianças de pouco mais de um ano de idade verificou que elas haviam estabelecido relações de apego com cinco a treze parceiros diferentes, incluindo a mãe, pai, avós, outros familiares, babás. Esse número evidentemente varia conforme a cultura, a forma de organização e os costumes do grupo familiar, mas não é ilimitado. O apego é uma relação focalizada, discriminada, que não pode existir indeterminadamente com qualquer pessoa, pois depende de certas condições: estabilidade de contato, capacidades de discriminação da criança, qualidade de contato que permita uma interação social eficiente etc. Também é assim para os adultos: você pode conhecer (saber o nome, identificar) mil pessoas, mas os seus vínculos afetivos vão ser estabelecidos com um número bem mais reduzido.

Essas e outras observações levaram à formulação do modelo de apego polimátrico: o bebê pode formar mais de um vínculo, dentro de certos limites de número de parceiros e de condições que favoreçam essa formação. As manifestações de apego, mesmo assim, podem variar entre os parceiros: há um parceiro que é especialmente bem aceito em situações de brincadeira e de bem-estar, mas pode ser outro o preferido quando a criança está desconfortável, assustada ou doente. Não é preciso ter um único amor, mas cada amor é único!...

Uma consequência importante das descobertas a respeito do apego polimátrico se refere à questão da criação de crianças em ambientes coletivos.

7. Apego, troca afetiva e cuidado físico

Como você sabe, hoje em dia é cada vez mais comum a prática de criar crianças pequenas em berçários, creches ou "escolinhas", nas quais, em alguns casos, elas passam o dia inteiro enquanto suas mães trabalham. Diante de tudo o que vimos a respeito do apego e de sua importância no desenvolvimento, como ficam essas opções?

Em primeiro lugar, vamos lembrar o conceito de apego polimátrico: até certo limite e dadas certas condições, a criança pode se apegar (e provavelmente sempre se apega, se tiver a oportunidade) a mais de um adulto. Assim, nada impede que ela estabeleça vínculos com os educadores e outros profissionais da instituição onde passa o dia, desde que existam oportunidades suficientes e estáveis de contato. Não é preciso que a mãe receie que a criança vá ficar mais apegada à educadora do que a ela: como já vimos, vários amores não excluem a unicidade de cada amor... Todavia, para que tudo funcione da melhor forma possível, algumas condições são importantes.

A qualidade da interação entre o adulto e a criança é um fator fundamental para o estabelecimento do apego, e "qualidade" tem aqui um sentido muito particular. Diversos estudos mostraram que não é a satisfação de necessidades chamadas primárias, como fome e sede, que determina o vínculo entre a criança e o adulto; é, antes, a satisfação de outra necessidade primária em geral menos reconhecida: a necessidade de troca afetiva (por tudo que já foi dito, achamos que não é preciso insistir mais sobre a natureza primária dessa necessidade!). Isso não acontece apenas com seres humanos: os estudos clássicos de Harlow sobre a relação mãe-filhote em macacos-*rhesus*, já mencionados neste livro, mostraram que o aconchego, o contato corporal reconfortante, são muito mais importantes para determinar o apego do que a satisfação da fome: macaquinhos separados da mãe se apegavam a um boneco de pelúcia, de preferência a um boneco de arame que lhes fornecia leite.

Outro fator, evidentemente, é a regularidade ou estabilidade do contato com a figura de apego. Como já vimos, o bebê recém-nascido responde seletivamente a um ser humano, mas não a um ser humano em particular. O estabelecimento do apego, ou seja, da relação com uma pessoa em particular, requer que o bebê venha a reconhecer ou discriminar determinado ser humano; isto, evidentemente, requer tempo e constância de contato com essa pessoa. Mas esse contato não precisa ser em tempo integral: por exemplo, estudos sobre crianças criadas em *kibbutz* em Israel evidenciaram que um contato diário por períodos breves, porém intensivo e afetivo com os pais, era suficiente para estabelecer e manter o vínculo entre os pais e os bebês.

Por outro lado, e de forma aparentemente contraditória, a relação de apego, como qualquer relação afetiva, não é necessariamente tranquila, sempre amorosa e boa. Dependendo das oportunidades que tenha de estabelecer interações com as pessoas em seu ambiente, a criança pode se apegar a alguém que a rejeite e maltrate. Esse fenômeno pode ser compreendido pela própria dinâmica do processo de apego: a figura de apego é aquela a quem a criança recorre quando está assustada ou sofrendo; em muitos casos de maus-tratos, na falta de outra figura, a criança continua a recorrer a quem lhe provoca o sofrimento, agarrando-se tanto mais a ela quanto mais sofrimento lhe é infligido. Esse tipo de relação, evidentemente, pode ter consequências danosas no desenvolvimento da criança; no entanto, também coloca implicações importantes em termos de intervenção: simplesmente separar fisicamente a criança dos pais pode trazer ainda mais sofrimento para ambas as partes, dada a existência da relação de apego.

Regularidade, estabilidade e qualidade das interações, associadas aos cuidados físicos essenciais e a um ambiente adequado, tornam possível o desenvolvimento do apego nas condições variáveis da família nuclear, da família extensa, dos ambientes de criação coletiva. Será que as crianças criadas dessas várias formas serão diferentes? Provavelmente sim, em diversos aspectos: seres humanos são essencialmente flexíveis e capazes de se ajustar ao meio, dentro dos limites de suas características humanas essenciais; e o meio não é apenas um espaço de ação (como vimos no capítulo III), ele também contribui para definir as relações e competências que irão se desenvolver. As competências que se desenvolvem melhor na família nuclear (por exemplo, linguagem precoce, leitura) são diferentes das que são favorecidas pela família extensa ou pela criação coletiva (por exemplo, facilidade para o contato social inicial e para a atividade coletiva), mas não são melhores nem piores em si mesmas. Sua avaliação depende da qualidade de seu ajustamento às condições de vida nas sociedades em que serão praticadas.

O estudo histórico ou antropológico das relações entre mães e crianças mostra eventualmente certas circunstâncias que podem nos surpreender quanto à aparente variabilidade desse vínculo. Em tribos de caçadores-coletores, o nascimento de gêmeos ou o nascimento de um segundo filho antes do desmame do primeiro determinava infanticídio ou aborto. Em outras culturas, inclusive mais contemporâneas, o infanticídio era normal como forma de alterar a proporção de meninos e meninas ou de eliminar crianças com deficiência física. Mães das classes mais abastadas da França nos séculos XVII e XVIII entregavam seus filhos desde o nascimento aos cuidados de outras pessoas, em situações tão inadequadas que isso quase correspondia a outra forma, menos direta, de infanticídio. Como interpretar essas práticas que parecem se opor frontalmente ao que dissemos a respeito do apego?

Em primeiro lugar, é preciso lembrar novamente que indivíduos e seus grupos sociais (incluindo a díade mãe-filho) não existem isolados de grupos mais amplos, onde seu significado pode ser variável dependendo de relações complexas com o modo de vida do grupo. Uma mãe caçadora-coletora não poderia carregar e amamentar dois bebês sem sacrificar ambos; a cultura cria então um mecanismo que justifica a salvação de um deles. Outros exemplos são mais complexos, mas sua implicação principal é a mesma: práticas de criação, como tudo o mais que se refere ao ser humano, têm de ser analisadas e avaliadas em seus contextos culturais e sócio-históricos.

Mas, principalmente, é preciso relativizar essa análise a partir de um conhecimento preciso sobre a natureza dos fenômenos que estão sendo analisados. O apego não é inato, nem poderia ser, já que é uma relação entre dois indivíduos particulares que vão aprender a se reconhecer ao longo de um tempo de convivência. Ele depende de certas modalidades de experiências, para as quais os seres humanos, tanto bebês recém-nascidos como adultos, foram preparados por sua história evolucionária, e sem as quais o vínculo não se estabelece. Se determinada cultura prescreve, por algum motivo, a inexistência dessas experiências, é evidente que essa preparação biológica não se manifestará, ou se mostrará sob outras formas e de qualquer forma terá outras consequências, como no caso dos delinquentes estudados por Bowlby. Isso não significa que o apego seja um fenômeno culturalmente arbitrário ou acidental: biológico não é o oposto de cultural.

Isso nos leva a um último ponto a respeito do sistema de apego: a questão das fases privilegiadas para o estabelecimento de vínculos. Ao longo da vida, certas fases são particularmente suscetíveis à vinculação: a infância, a adolescência, a gravidez e o pós-parto. Há diversas indicações de que a criança é particularmente suscetível de estabelecer vínculos fortes com uma figura de apego nos dois primeiros anos de vida.

Isso poderia levar a pensar que uma adoção só dará certo quando a criança for bem pequena. Sem dúvida alguma é mais fácil estabelecer um vínculo afetivo com uma criança pequena. Porém, à medida que ela cresce e indaga sobre a própria identidade, o fato da adoção pode perturbá-la e causar-lhe sofrimento, sobretudo se a adoção não lhe foi esclarecida desde pequena, na medida de sua habilidade de compreensão. Estudos têm mostrado que famílias disponíveis e bem preparadas para receber crianças mais velhas e mesmo grupos de irmãos podem favorecer o estabelecimento de laços afetivos com eles e entre eles, embora conflitos sempre existam, como em qualquer família, não é verdade? Portanto, embora haja momentos mais favoráveis ao estabelecimento do apego, no ser humano esses limites não são rígidos nem insuperáveis.

Durante toda a vida, continuamos a estabelecer vínculos, embora talvez não tão intensos como os da infância e da adolescência. Vínculos intensos fora dos períodos sensíveis acontecem principalmente quando nossa segurança está ameaçada e sentimos uma necessidade forte do outro, ou seja, quando o sistema de apego é fortemente ativado – por exemplo, em momentos intensos de crise, como diante da morte de um ente querido ou de uma ameaça à nossa sobrevivência durante um sequestro de avião ou em um campo de extermínio. Nessas situações, indivíduos antes desconhecidos podem formar vínculos tão fortes como na infância e na adolescência.

Capítulo VI

Há mais gente lá fora

Há mais gente lá fora

*Waripa tem dez anos.
Nasceu e cresceu na aldeia de sua tribo, à beira do
Rio Foguauí, no Estado do Pará.
Desde muito pequeno, quando ainda ficava quase
continuamente no colo de sua mãe,
convivia diariamente com as outras crianças e
adultos da tribo.
Depois que cresceu um pouco, começou a passar a
maior parte do dia brincando com outras crianças,
maiores e menores do que ele, na beira do rio,
nas plantações de mandioca, nas áreas que
circundam as casas de sua família
e de outras famílias.
Depois que Irane, sua irmãzinha,
também cresceu um pouco,
ele toma conta dela nas brincadeiras com outras
crianças; mas o que gosta mais de fazer é pescar e
caçar com o arco e flecha que seu pai fez para ele,
com seu amigo Ma'apyga,
que agora tem nove anos.
Também ajuda seus pais na roça,
acompanha seu pai nas caçadas e vai à escola
da aldeia, onde a professora Maranine,
mãe de sua amiga Akwawia, ensina as crianças a ler
e escrever em português
e na língua de seus ancestrais.*

Agradecemos a Yumi Gosso, pela cessão das fotos e informações relativas à aldeia Parakanã.

Figura 31 – Waripa brincando com seu arco

Figura 32 – Brincando no rio

Para Waripa, o mundo sempre foi cheio de pessoas conhecidas, um mundo social diversificado e seguro. É verdade que, de vez em quando, algum estranho visita a aldeia e aí, em geral, Waripa e seus amigos o observam de longe, meio ressabiados e tímidos; aos poucos se aproximam, tocam nos objetos trazidos pelo visitante, e em sua língua perguntam o nome do estranho, o nome de seu pai e de sua mãe – referenciais importantes em sua própria cultura. Mas, na maior parte do tempo, o mundo de Waripa é delimitado e familiar. Pode ser que um dia ele queira sair de casa e conhecer o mundo lá fora, para estudar mais, para trabalhar, ou simplesmente porque sabe que existem lugares, coisas e pessoas que ele ainda não viu e tem curiosidade de ver. Também pode ser que passe toda a vida nesse ambiente familiar, casando-se com uma garota de sua tribo e criando seus filhos da mesma forma que foi criado e trabalhando do mesmo modo que seu pai trabalha.

Para a maioria das crianças que conhecemos, nascidas e criadas em cidades, a experiência social pode ser ao mesmo tempo mais gradual e mais brusca do que a de Waripa. É mais brusca no sentido de que sua convivência com o mundo que existe lá fora em geral é restrita no início da vida ao círculo imediato de sua família, e é só quando passa a frequentar uma creche ou escola que a criança se defronta e tem de interagir por sua própria conta com um mundo social composto de estranhos, de pessoas não conhecidas. É mais gradual porque ela sabe desde cedo, por meio de seus contatos diretos ou indiretos com o mundo fora da família, que existe mais gente lá fora, pessoas com quem não convive e que não conhece. Em outros aspectos, no entanto, a experiência social dessa criança é semelhante à de Waripa. Tal como ele, ela vai construir relações diferenciadas com outras crianças e com adultos: vai ter um ou mais amigos, em geral de idade semelhante à sua, vai se afeiçoar especialmente a uma educadora ou a uma professora, ampliando assim, gradativamente, sua rede de relações sociais.

Seres humanos são organizados biologicamente para a vida social, como vimos em capítulos anteriores. Um dos aspectos típicos da vida social humana é a ampliação da rede social imediata a partir da relação inicial com a família (qualquer que seja o formato dessa família: nuclear ou extensa, estável ou desestruturada etc.) e sua diversificação em várias redes, que podem ou não estar em contato mútuo: os familiares, os amigos de escola, os colegas de trabalho, os parceiros de lazer, os companheiros de algum tipo de militância ou de religião e assim por diante. Os modos pelos quais se dá essa ampliação variam entre sociedades e culturas, mas se baseiam em processos psicológicos básicos que constituem o que podemos chamar de sociabilidade humana, para diferenciá-la da sociabilidade de outras espécies animais. Nesta perspectiva, não faz sentido dizer que uma criança é socializada ou torna-se social ao longo da vida: crianças nascem sociais (o que é diferente do conceito usual de "sociável", usado para designar uma pessoa especialmente interativa ou disponível para o contato social, uma característica do desenvolvimento individual); pode-se dizer que uma criança é socializada apenas no sentido de "aculturada", ou seja, de adquirir os modos de ser característicos da cultura a que pertence, a começar pela língua.

Feita essa distinção de conceitos, podemos perguntar que processos ou mecanismos psicológicos medeiam a inserção da criança no mundo social que existe lá fora.

1. O outro é muito interessante

Jonas tem três anos, é filho único e começou a frequentar um centro de recreação onde convive diariamente, por algumas horas, com quinze a vinte outras crianças de sua idade e mais velhas, e com duas educadoras. Até agora, seu mundo social era composto principalmente de adultos, seus pais e outros familiares. Nesse ponto, ele é diferente de Fernando, que tem a mesma idade, mas tem uma irmã mais velha e uma irmã gêmea, Nina; além disso, Fernando e suas irmãs já frequentam o centro há alguns meses.

Jonas e Fernando se comportam de forma muito diferente quando chegam de manhã para brincar no centro. Fernando se engaja imediatamente em alguma brincadeira, em geral com Nina ou com algum menino de sua idade. Na ocasião de que estamos falando, Fernando está muito interessado no tanque de areia e nos brinquedos disponíveis lá (pás, caminhões, baldes de água, vasilhas), onde costuma brincar com Nicolau, outro menino muito ativo que acaba de entrar no centro e que também tem três anos. É para lá também que Jonas costuma ir quando chega. Mas ele não começa a brincar logo, passa a maior parte do tempo observando a brincadeira de Fernando e Nicolau. Parece bem mais interessado nos dois amiguinhos e no que eles fazem do que nos objetos disponíveis no tanque e em outros locais do centro.

Uma coisa parecida acontece com Júlia, que também tem três anos e é outra das novatas no grupo. A garota não é filha única: tem uma irmãzinha menor, que ainda não vem brincar no centro. Mas, tal como Jonas com Fernando e Nicolau, ela passa boa parte do tempo olhando as brincadeiras de Nina, especialmente quando Nina está brincando com Susana, sua parceira mais frequente. Nina e Susana brincam de várias coisas, e uma de suas atividades preferidas é trabalhar com argila, sentadas em torno de uma mesinha. Júlia senta-se lá também, mexe com argila, mas seu olhar se alterna muitas vezes entre o objeto que está moldando e as atividades, as interações e o rosto das outras crianças.

Figura 33 – Júlia observa Nina e Susana

Depois de um ano de convivência no grupo, encontramos Jonas brincando a maior parte do tempo com Nicolau e com Fernando, e Júlia passando muito tempo com Nina e Susana. A essa altura, todos brincam muito ativamente nos próprios subgrupos, conversam sobre as brincadeiras ou no contexto delas quando estão brincando de faz de conta e fazem comentários bem pertinentes sobre outras crianças do grupo, revelando o conhecimento que adquiriram sobre essa rede social e sobre seu lugar dentro delas. Por exemplo:

> Jonas e Nicolau (ambos, agora, com quatro anos) estão brincando na mesa de marcenaria. A certa altura, levantam-se e caminham pelo jardim. Nicolau vê que os meninos maiores (quatro meninos de cinco anos que, entre si, são parceiros muito frequentes de brincadeira) estão jogando bola no gramado. Nicolau propõe a Jonas:
> – Vamo jogá bola?
> Jonas replica:
> – "Eles" não vão deixar...
> Ele está certo: quando os dois garotos se aproximam do gramado, um dos meninos maiores toca os dois para longe com gestos de ameaça.
>
> ****
>
> Nina e Júlia (ambas, agora, com quatro anos) brincam perto do tanque de areia. Júlia se aproxima do tanque, onde três meninos de quatro anos estão correndo e dando gritinhos. Um dos meninos brinca de ameaçar Júlia erguendo o braço em direção a ela, e todos eles riem. Júlia recua, se aproxima de Nina e pede:
> – Nina, cê qué brincar comigo?
> Nina vai para o tanque de areia com Júlia, começa a brincar com ela e diz:
> – Deixa que eu bato neles.

Jonas, Nicolau, Fernando, Júlia, Nina e Susana construíram, ao longo de um ano de convivência, um mundo social estruturado a partir de suas experiências no grupo. Por que estruturado? Porque não é um mundo de relações arbitrárias ou caóticas: é constituído por diferentes tipos de relações com qualidades próprias – parcerias preferenciais, relações de dominância, de rejeição, de dependência, ou simplesmente de indiferença, com vários tipos de parceiros, os adultos, as crianças de mesma idade, as crianças maiores e menores, do mesmo sexo ou do sexo oposto. Como se dá essa construção?

Um primeiro mecanismo que organiza a experiência da criança com o mundo já foi visto no capítulo anterior: é a tensão entre o familiar, conhecido, e o novo, desconhecido. Para Jonas, por exemplo, o adulto é mais familiar do que a outra criança; no entanto, ele se mostra muito interessado pelos meninos de sua idade e se aproxima gradualmente deles. Da mesma forma, Júlia, que convive com uma irmãzinha mais nova, mostra-se muito interessada nas meninas de sua idade. Essa tensão desencadeia outro mecanismo importante, que a equilibra: a atração pelo similar. Diante do novo, é aos parceiros de mesmo sexo ou idade que as crianças se orientam preferencialmente, se tiverem a oportunidade de escolha.

Esses mecanismos da sociabilidade humana reaparecem ao longo de toda a nossa vida, modulados pelo conflito permanente entre a curiosidade ou atração pela novidade e a necessidade de segurança e familiaridade, e pelos estados emocionais e afetivos em que nos encontramos a cada momento da vida. A busca do novo é favorecida por momentos em que estamos emocionalmente seguros, ao passo que a busca do familiar é desencadeada por momentos de sofrimento, de medo, de incerteza.

Tais mecanismos ajudam a compreender a atração inicial ou orientação da atenção para o outro. Antes de nos perguntarmos o que contribui para que se estabeleçam relações diferenciadas a partir desse interesse inicial, é preciso apontar mais um mecanismo desse interesse, também relacionado ao que já vimos em capítulos anteriores: a diferença entre a relação da criança com objetos e com outras pessoas. Evidentemente, a criança se interessa desde pequena pelo mundo físico, pela cor, pelos sons, pelo movimento, que estimulam seus sentidos. Em nossa cultura nos dias de hoje, sabendo disso, penduramos móbiles coloridos e sonoros em seu berço. No entanto, sua relação com objetos é mediada basicamente pelo mundo social: é ao objeto que a mãe lhe aponta ou oferece que ela presta mais atenção; é ao objeto que o parceiro de grupo de brincadeira está manipulando que ela dirige seu desejo, mesmo que tenha muitos outros objetos disponíveis. A disputa de objetos, que resulta muitas vezes em conflitos entre crianças pequenas, é frequentemente mediada por esse mecanismo. É como se o fato de o outro ter interesse no objeto investisse valor nele e o tornasse mais interessante.

Entre crianças em torno de dois a três anos de idade, como mostraram pesquisadores franceses, se houver um objeto igual disponível, a disputa transforma-se em imitação: a criança escolhe o objeto igual ao que o parceiro escolheu e imita as ações que o parceiro exerce sobre o objeto. Imitar é uma forma de comunicar, antes de dispor de linguagem, que está interessada no outro e no que ele está fazendo.

Além disso, a observação comparativa de orientação da atenção da criança para objetos e para parceiros sociais revela algumas diferenças significativas: o olhar para o objeto que está sendo manipulado é mais duradouro, mas é intercalado com observações rápidas do que os parceiros sociais estão fazendo, como se a criança monitorasse continuamente seu ambiente social, como vimos com Júlia na mesa de argila. O que os outros fazem é tão ou mais relevante quanto o que ela pode fazer sozinha. E o que o outro faz "com os outros" é ainda mais interessante: crianças em grupo tendem a prestar mais atenção a brincadeiras conjuntas de seus parceiros do que a brincadeiras solitárias. Mais uma vez, a evidência é de que seres humanos se constituem na interação com o outro.

2. Construindo relações

Brincando juntas um dia depois do outro, as crianças vão descobrindo coisas que seus parceiros sabem e elas ainda não, coisas que sabem e seus parceiros ainda não e coisas que todos já sabem; com seus parceiros, elas descobrem ou inventam coisas que nenhum deles sabia antes e que passam a compartilhar. Da mesma forma, descobrem de que coisas seus parceiros gostam ou não gostam e podem comparar essas coisas com os próprios gostos; de repente, as crianças podem mudar de gosto ou ver seus parceiros mudarem de gosto em relação a alguma coisa.

A afinidade, ou compartilhamento de saberes e de gostos, é um dos componentes de um dos tipos mais comuns de relação que a criança constrói com seus parceiros, e que costumamos chamar de amizade:

o amigo ou amiga com quem ela gosta mais de brincar, que ela procura quando chega à escolinha ou à creche, que ela convida para ir à sua casa ou à casa de quem gosta de ir. Ela pode compartilhar com o(a) amiguinho(a) também suas outras relações no grupo: sua antipatia, estranhamento ou rivalidade com outros parceiros, como vimos no episódio de Júlia e Nina, em que Nina se comporta como cúmplice e promete defender Júlia.

Brincando juntas dia após dia em um grupo, as crianças constroem redes de relações que estruturam o grupo e lhes permitem se situar nele. No episódio de Jonas e Nicolau, vimos como eles reconhecem essa estrutura e sua rede de relações, o "nós" e o "eles". Cada relação, seja entre duas crianças, seja entre três ou mais, é um espaço de construção de conhecimentos e sentimentos compartilhados, de jogos, brincadeiras e maneiras de usar os objetos, de significado de palavras e outros recursos comunicativos; o que já é compartilhado, por sua vez, facilita novas construções, ampliando e modificando o sentido que a criança dá ao mundo e sua maneira de se colocar nele, diferenciando-se como uma pessoa, um indivíduo, membro de um grupo social que tem características próprias. Podemos dizer que, brincando juntas, e por meio de suas relações diferenciadas com vários "outros", as crianças assimilam, constroem e partilham a cultura de seu mundo social — tanto a microcultura do grupo de brinquedo como a cultura do espaço social mais amplo, a sociedade à qual pertencem, o momento histórico em que vivem. É na concretude das interações e das relações interpessoais em uma sociedade e em um momento histórico particulares que se dá a realização de sua natureza biologicamente sociocultural.

3. Com quem eu brigo e por quê

No entanto, nem tudo é harmonia no grupo de crianças: há brigas, ciúmes, disputas por motivos variados, relações de antipatia, desconfiança, rejeição. Quem briga com quem e por quê?

Inúmeros estudos documentaram interações agressivas entre crianças. Algumas observações são bastante consistentes: meninos brigam mais que meninas, principalmente quando se considera quem é o iniciador da agressão – meninas iniciam menos, mas revidam uma agressão tanto quanto os meninos. Crianças menores (de até quatro ou cinco anos) apresentam mais ações de ataque e ameaça físicos do que as maiores, cujas brigas são mais duradouras, mas também mais verbais e mais ritualizadas, isto é, interrompidas por atos de submissão ou de reconciliação. E, um fato aparentemente estranho, há mais brigas entre amigos e parceiros frequentes do que entre desconhecidos ou parceiros indiferentes. Brigar com um desconhecido é meio arriscado...

Brigas entre crianças são desencadeadas por vários motivos. Muitas vezes, a agressão parece espontânea, não provocada por uma disputa ou desentendimento: a criança se aproxima da outra e bate nela, empurra-a, derruba-a; o agredido pode revidar ou se afastar; em alguns casos, o agressor persegue o agredido repetidamente, como se estivesse testando suas reações, até que um adulto ou outra criança interfira. É como se essa agressão servisse para a criança descobrir como é que o outro se comporta – uma espécie de experimento psicológico. Ela pode descobrir assim que alguns parceiros tendem a reagir e outros não; que alguns são mais fortes do que ela, e outros mais fracos; muitas vezes é por esse procedimento que se estabelecem hierarquias nos grupos de brinquedo, ou seja, se constituem as percepções da criança sobre a estrutura do grupo e seu lugar nele.

Também são muito comuns as brigas provocadas pela disputa de um brinquedo ou de um lugar: quando há poucos brinquedos e pouco espaço disponível, tende a haver mais brigas.

Há também brigas provocadas por desentendimentos durante uma brincadeira ou troca social: uma criança não aceita o papel que a outra quer lhe atribuir; ou, em uma brincadeira de luta ou de perseguição, alguém bate ou empurra forte demais, e a brincadeira vira briga.

Brigas entre crianças raramente duram muito. Mesmo que não haja interferência de um adulto ou de outra criança, elas tendem a se resolver de uma ou de outra maneira: um dos oponentes cede ou mostra algum sinal de submissão; os briguentos se afastam fisicamente; ou ainda, há alguma forma de reconciliação: o agressor muda seu comportamento, propõe uma brincadeira ou oferece um objeto.

Quando há interferência de outra criança – geralmente com comportamento amistoso em relação ao agredido, e comportamento agressivo em relação ao agressor –, é comum a agressão se redirecionar: o agressor se volta contra a terceira criança e deixa o primeiro agredido em paz; nesses casos, e também quando um adulto interfere, é menos provável ocorrer uma reconciliação, e mais provável o afastamento entre os parceiros que brigavam.

A agressividade é, ao mesmo tempo, uma forma de conseguir coisas desejadas, como um brinquedo, e de conhecer os parceiros do grupo, formar e fortalecer relações com eles. Exemplos interessantes dessas funções são as brincadeiras de luta e perseguição, em que as crianças fingem estar brigando ou se perseguindo. Brincadeiras de perseguição (pega-pega, esconde-esconde) envolvem menos contato físico do que brincadeiras de luta, e em geral envolvem um número grande de parceiros, muitas vezes dos dois sexos; é um tipo de brincadeira que favorece entrar em contato com parceiros pouco conhecidos, sem se arriscar muito. Já brincadeiras de luta ocorrem mais entre meninos e envolvem ações aparentemente mais ameaçadoras: empurrar, agarrar-se, tentar derrubar o outro, fazer gestos de lutas marciais como caratê, *kung-fu*, judô, tentar dar rasteira, rolar juntos no chão etc. Algumas observações sugerem que crianças se engajam mais em brincadeiras de luta com amigos do que com parceiros indiferentes ou preteridos; quando essas brincadeiras se dão com um grupo de crianças, amigos em geral se comportam como aliados, "lutando" contra as outras crianças de quem não são amigos; quando a brincadeira termina, os aliados tendem a continuar juntos, enquanto os oponentes se afastam. Quando, em uma brincadeira de luta, um dos parceiros passa da conta, empurrando ou batendo com força demais, as próprias crianças dizem que pode virar briga se os parceiros não forem amigos: se forem amigos, o parceiro que foi vítima do gesto mais agressivo não vai revidar, mas provavelmente revidaria se estivesse brincando de luta com um parceiro menos amigo. É como se brincar de luta servisse para exercitar-se em uma situação protegida, de pouco risco. "Viver é muito perigoso", diz um personagem de Guimarães Rosa no livro *Grande Sertão: Veredas*. As crianças nos mostram que brincar também pode ser perigoso e desde cedo desenvolvem estratégias para administrar esse perigo.

Crianças que se envolvem em muitas interações agressivas, mesmo que seja de brincadeira, tendem a ser menos populares e mais rejeitadas pelo grupo. Essa estratégia e esse *status* social podem ou não se manter quando a criança muda para outro grupo, por exemplo, de crianças um pouco mais velhas do que ela. Estilos de interação dependem da rede de relações e da história de cada grupo: em outro grupo, com outros parceiros e outra composição social, uma criança que era muito popular ou muito rejeitada pode desenvolver outras estratégias de interação e encontrar outro lugar na percepção de seus parceiros. É importante relembrar que o "meio" em que ocorrem essas interações também contribui para promover certas estratégias mais do que outras. Um exemplo interessante de outras estratégias de interação, muito dependente da composição social do grupo, é cuidar do outro.

Veja capítulo: O que é meio?

4. De quem eu cuido

Na aldeia de Waripa, é comum as crianças mais velhas tomarem conta das mais novas durante o dia, enquanto estão brincando e suas mães estão ocupadas com suas tarefas diárias.

Figura 34 – Waripa com sua irmãzinha

Em bairros urbanos de periferia, também é frequente as mães deixarem os filhos pequenos aos cuidados de uma irmã ou irmão mais velhos enquanto vão trabalhar, se não dispõem de um vizinho ou parente que cuide delas ou de uma creche onde as deixar durante o dia. Em muitos desses casos, uma criança cuidar de outra é uma responsabilidade imposta pelos adultos e pelas circunstâncias da vida. Mas, quando observamos crianças em grupo, também é possível identificar casos de cuidado espontâneo, não orientado por uma ordem ou ensinamento.

Quem já olhou crianças brincando sabe como são comuns as brincadeiras em que as crianças assumem papéis típicos das relações familiares, principalmente mãe-filho-pai. Nessas brincadeiras elas atualizam os modelos de comportamento de seu ambiente sociocultural, às vezes com uma imitação exagerada e teatral desses modelos, por exemplo, entonações de voz bem marcadas ao dar uma bronca ou ao "acalmar" um bebê, ou regras de disciplina mais rígidas do que é usual na própria experiência. Em brincadeiras de escolinha, mais comuns em crianças um pouco mais velhas ou que já têm alguma experiência escolar, é comum observar "professores" severos e também "alunos" mais ou menos indisciplinados, e o jogo se constitui em grande parte em torno da administração dessas relações. Essas observações sugerem que a criança está, desde cedo, elaborando suas percepções a respeito de relações assimétricas que são características de suas trocas sociais com adultos que cuidam dela, e seu modo de lidar com essas situações, de acordo com as experiências de relação de que participa. Ao mesmo tempo, nessas trocas entre pares, está se dando não apenas uma transmissão horizontal dessas percepções, modelos e valores culturalmente construídos, mas também a construção de novas formas de percepção e ação que fazem parte da cultura compartilhada naquele grupinho de crianças.

Relações assimétricas (em que uma criança ensina, controla ou cuida fisicamente de outra) também podem ocorrer entre crianças fora de situações de brincadeira de faz de conta. Isso acontece mais facilmente quando existe certa diferença de idade entre as crianças e mais ainda quando a menor é um bebê: a criança mais velha aborda a menor como um "parceiro de outra categoria", que não é para ser tratado como igual; valem regras de interação diferentes. Nesses casos, a interação de certa forma se aproxima ainda mais dos modelos adulto-criança, pois a criança não está brincando de fazer de conta que é adulto: ela se comporta como um parceiro mais experiente lidando com um menos experiente. Para isso, tipicamente a criança monitora e tenta atrair a atenção do parceiro com verbalizações infantilizadas, acenos de cabeça, mostrando e oferecendo objetos, ou fazendo exibições como rolar, cair, agitar os braços – o que muitas vezes provoca riso e imitação no parceiro.

> Joana (um ano e meio) está no colo da tia, na casa de Manu (dois anos e meio). Manu olha atentamente para ela e diz para sua mãe:
> – Vô pegá um brinquedo pra mostrar pra ela, tá?
> Manu traz alguns brinquedos. Joana pega um boneco, Manu tira de sua mão e diz:
> – Esse não pode, tá?
> Manu afaga o cabelo e os ombros de Joana, beija sua cabeça e diz:
> – Que bonitinha!...
>
> ****
>
> Diogo (dois anos) e Marina (cinco anos) entram no quarto de Marina. Marina coloca no chão um quebra-cabeça; os dois deitam-se de bruços diante do brinquedo. Marina vai removendo as peças e falando:
> – Quer ver, Di? O carro, o outro carro... o avião, o trem...
> Diogo vai repetindo e mexendo nas peças. Quando ele tenta tirar sozinho, ela não deixa; ele não protesta e vai procurar outro brinquedo. Marina larga o quebra-cabeça e pega vários brinquedos sucessivamente, mostrando-os e oferecendo-os a ele:
> – Ó, quer ver? Quer?

Nos ambientes de desenvolvimento infantil mais comuns atualmente não é muito usual observar esse tipo de interação, porque em geral as crianças são agrupadas por idade. Mas mesmo crianças que convivem basicamente nesse tipo de ambiente podem apresentar esses modos de interação quando estão em uma situação propícia, como acabamos de ver: por exemplo, uma irmã mais velha traz um brigadeiro para sua irmãzinha em uma festa; visitando uma amiga de sua mãe, a menina de quatro anos faz gracinhas para entreter o bebê que acaba de conhecer.

Além disso, essa modalidade é fácil de observar em grupos de idade heterogênea, como os de crianças de periferia ou de cidades do interior que brincam na rua. Quem não se lembra do "café com leite" ou "anjinho", uma regra que permite que crianças pequenas participem de brincadeiras que exigem competências diferenciadas em termos de idade ou de experiência social? Um aspecto interessante dessas modalidades de relação assimétrica é que elas possibilitam uma inserção gradual das crianças menores na cultura de brincadeira do grupo e nas suas regras de convivência – uma forma de transmissão vertical de cultura operada pelo próprio grupo de crianças.

Ainda mais interessantes são as observações sobre a capacidade precoce da criança de cuidar do outro em situações em que os componentes lúdicos – a motivação de brincar – estão menos claros ou ausentes. Nesses casos, o que a criança evidencia é uma compreensão sobre um estado de necessidade ou de mal-estar do outro (empatia) e a disponibilidade para ajustar seu comportamento a essa situação.

Um grupinho de crianças está no pátio da creche observando um atrito entre Gigi (quatro anos) e Nina (três anos), que chora e estende a mão pedindo de volta um objeto tomado por Gigi. Gigi diz:
– Eu vou consertar, depois eu te dou!
Nina continua chorando e estendendo a mão. Susana (três anos) se aproxima e observa. Chega perto de Nina e abraça-a desajeitadamente, curvando o corpo e enlaçando-a na altura do bumbum. Nina continua a chorar. Susana se aproxima de Gigi e pede:
– Dá pra ela?...
Nina para de chorar e olha as duas. Gigi se zanga:
– Agora vem você também com essa história? Já falei que vou consertar, depois eu dou...
Susana volta para perto de Nina, que começou a chorar de novo e abraça-a, dizendo:
– Nina, quando você ganhar presente de Natal, você não empresta pra ela...
Nina, chorosa, replica:
– Eu já ganhei presente de Natal...
E Susana retruca:
– Mas vai ter outro Natal...
Nina aos poucos para de chorar e começa a brincar com Susana.

Figura 35 – Susana consola Nina

Observe a curiosa postura de Susana ao consolar Nina. Nas interações de cuidado, é comum observar uma postura típica (que chamamos de nivelamento) e que consiste em inclinar partes do corpo de forma a se colocar em posição *en face* em relação à outra criança, como se tentasse estabelecer contato visual com ela. Adultos também fazem isso, mesmo não intencionalmente, quando estabelecem contato com uma criança: agacham-se, ajoelham-se, sentam-se no chão, facilitando assim o contato visual. No caso de Susana e Nina, como são do mesmo tamanho, o nivelamento não tem sentido funcional; é como se ele fosse desencadeado automaticamente como parte do gesto de consolar.

Figura 36a – Posturas de nivelamento (1)

Figura 36b – Posturas de nivelamento (2)

Nesse episódio, Susana tenta várias estratégias para consolar Nina, desde o consolo físico e a tentativa de recuperar o objeto com Gigi, até a proposta de retaliação (não emprestar o brinquedo que vai ganhar no próximo Natal), o que evidencia uma capacidade já sofisticada de empatia.

Quando surge a empatia? Há evidências escassas, mas impressionantes, de que essa capacidade está presente desde muito cedo, embora seja mais difícil de observar em situações em que há adultos presentes, porque em geral os adultos se antecipam à criança para atender outra criança que precisa de cuidado.

> No berçário de um abrigo, um menino de cerca de dez meses está engatinhando e olhando em volta. Ao fundo, ouve-se um choro intenso e persistente de outra criança. O menino engatinha e senta alternadamente, de forma hesitante, e vai se deslocando pela sala. Quando se aproxima da criança que chora, senta-se ao lado dela e toca desajeitadamente suas costas várias vezes. A segunda criança (um menino de treze meses) para de chorar e olha para a primeira. Esta se afasta. A outra a segue engatinhando. As duas se encontram junto a um berço. A segunda criança inicia uma brincadeira de erguer-se pendurada no berço, a primeira a imita.

Figura 37 – Bebê conforta bebê

No episódio seguinte, um bebê de catorze meses evidencia ainda mais claramente a adoção da perspectiva do outro e a compreensão de seu estado emocional. Da mesma forma que Susana ao tentar consolar

Nina, Dirceu usa várias estratégias ao tentar ajudar e consolar Lúcia, inclusive recorrendo ao adulto, um indício de que suas ações são intencionais.

Não é provocante pensar que bebês são capazes de consolar o outro bem antes de saberem brincar de consolar?

> Na sala da creche, Lúcia (oito meses), chorando, engatinha na direção da educadora, que pega outra criança no colo e vai para outra sala, fechando a porta atrás de si. Sempre chorando, Lúcia vai até a porta e a empurra, como tentando abri-la, sem conseguir, e chora ainda mais alto. Dirceu (catorze meses), que está próximo, dirige-se à porta e a empurra, também sem sucesso. Toca então, com três leves toques, a cabeça de Lúcia.
>
> Após alguns segundos, ele se dirige a outra educadora, que está próxima, e puxa sua roupa. Mas ela está ocupada preparando uma mamadeira e não lhe dá atenção. Dirceu mexe novamente na roupa da educadora, depois se volta e vai até a porta, que empurra mais algumas vezes, sem sucesso, e se afasta. Depois de alguns segundos, a primeira educadora volta à sala, vê Lúcia e a pega nos braços. Lúcia para de chorar.

A ocorrência desse tipo de relação entre crianças tão pequenas coloca problemas teóricos importantes, que questionam concepções como o egocentrismo infantil e a noção de desenvolvimento como processo que vai do individual para o social. Essas observações são mais compatíveis com concepções como a de Wallon, que pensa o desenvolvimento como uma diferenciação a partir de um estado inicial de fusão com o outro, no qual a emoção e o contágio emocional têm um papel fundamental. Também nos fazem pensar na importância de diferenciar as bases motivacionais desses vários modos de "cuidar": por exemplo, uma motivação lúdica e outra de "empatia" ou sintonia emocional com o outro.

5. Quanto duram as relações infantis

Da mesma forma que as brigas, as amizades infantis podem não durar muito. Elas se baseiam principalmente em proximidade e convivência regulares e, se estes componentes faltam, a relação tende a desaparecer: "Eu tinha um amigo, ele mudou de escola." Relações podem ser rompidas um dia pelo "ficar de mal", e reatadas no dia seguinte ou mesmo horas depois pelo "trocar de bem". Poucas pessoas conservam na vida adulta as mesmas amizades e inimizades da infância; as circunstâncias da vida fazem surgir novas relações, mais ou menos duradouras e de diversos tipos – o(a) confidente, o(a) namorado(a), o(a) colega de trabalho etc. O que é importante nas relações da infância não é sua continuidade, mas a experiência de sociabilidade que elas proporcionam no tempo presente: é nas interações e relações com outros que a criança se constitui como pessoa e constrói seu conhecimento sobre o mundo físico e social. Como se dá essa construção no decorrer das interações lúdicas é o tema do próximo capítulo.

Capítulo VII

BRINCAR, APRENDER, ENSINAR

Brincar, aprender, ensinar

— Puxa, você tem tanto brinquedo legal!
— Sua mãe deixa você brincar
com esses brinquedos? —
diz Roberta, de cinco anos,
para sua amiguinha Paula.
— Ué, por quê? A sua não deixa? —
pergunta Paula.
— Minha mãe é psicóloga;
ela só compra brinquedo educativo —
explica Roberta.

Agradecemos a Zilma M. R. Oliveira, pela leitura crítica do capítulo e pelas sugestões.

Pode parecer mentira, mas esse diálogo realmente aconteceu anos atrás, em uma época em que brinquedos "educativos" estavam em grande moda. O fato nos faz pensar, não apenas o quanto as práticas educativas refletem as ideologias correntes (no caso, a ideologia do desenvolvimento cognitivo precoce e competitivo), mas também nas concepções a respeito da criança e do desenvolvimento que nortearam e norteiam essas práticas.

Será que existe brinquedo não educativo? É o que parecia acreditar a mãe de Roberta, que provavelmente achava que psicólogos entendem mais de brincadeira do que as crianças; ela deve ter esquecido que foi observando crianças (e outros bichinhos) brincarem que os psicólogos aprenderam tudo o que sabem a esse respeito.

O que é brincar? Para que serve? Entre os animais, o brincar ocorre em muitas espécies, mas é significativamente mais frequente em grandes predadores, como lobos ou leões, e em primatas. Em ambos os casos, são animais que na vida adulta exibem habilidades e capacidades muito especializadas, seja para a caça, para a locomoção nas árvores ou para a vida social. São também animais que têm uma infância prolongada e protegida pelos adultos e uma expectativa de vida relativamente longa, o que se correlaciona com um processo de desenvolvimento individual muito dependente de experiência e de aprendizagem. É claro que o filhote não sabe disso: ele brinca por brincar, porque a evolução o dotou do que chamamos motivação lúdica ou exploratória. Um gatinho que persegue o novelo de lã em movimento provavelmente nunca vai precisar caçar de verdade, mas a motivação de seus ancestrais está lá, por isso ele brinca. Muitos animais não têm esse privilégio! Por outro lado, o ser humano é o mais bem dotado neste aspecto: sua motivação lúdica dura a vida inteira.

Figura 38a – Filhotes brincando (1)

Figura 38b – Filhotes brincando (2)

E o que é um brinquedo? Pode-se dizer que é qualquer coisa: o próprio corpo, o corpo do parceiro de brincadeira, um objeto qualquer ao qual a criança dá um significado por meio de sua ação lúdica ou para o qual um parceiro (inicialmente, em geral a mãe) dá um significado lúdico em sua interação com a criança. É a ação lúdica que define alguma coisa como um brinquedo. Uma folha seca pode se tornar um pratinho, um graveto vira uma colher, uma caixa de papelão é a casa, e esses significados são criados ativamente na situação de brincadeira e são compartilhados também ativamente pelos parceiros de brincadeira. E agora, o que é brinquedo mais ou menos educativo?

É claro que certos objetos e certos arranjos de objetos podem ser mais ricos para a exploração lúdica. Como já mencionamos em outro capítulo, um ambiente com alguma estruturação é mais favorável para a exploração do que um espaço amplo sem nenhuma estruturação. E não é só a criança que se sente mais confortável em um ambiente estruturado. Pense no que as pessoas fazem quando chegam a uma festa em uma grande sala vazia de móveis: dificilmente uma pessoa se posta de pé no meio da sala vazia, ou fica andando de um lado para outro; em geral, procura um canto, um espaço de alguma forma delimitado, seja pelas paredes ou por um grupo de pessoas.

Da mesma forma, certos objetos se prestam mais a cada tipo de brincadeira: as brincadeiras de manipulação, de empilhar, encaixar, montar; as que exercitam a percepção, o raciocínio e a linguagem, como os quebra-cabeças, os livros de histórias; as brincadeiras de movimento ou exercício, como correr, pular, subir; as de faz de conta e assim por diante. A regra principal é: com liberdade e um ambiente afetivamente seguro e minimamente estruturado, pode-se apostar que a criança brinca. Como os filhotes de animais, ela não brinca para aprender; mas brincando, ela aprende. O quê?

1. Brincar e trocar com o outro

Uma das coisas mais fundamentais que acontecem na brincadeira é a troca social. Você já observou uma mãe cuidando do bebê (por exemplo, dando banho ou trocando sua roupa) em uma situação tranquila, relaxada? É uma verdadeira festa de brincadeiras, cócegas, sorrisos, caretas, desvio e reencontro de olhares, vocalizações e, eventualmente, o inevitável esconde-esconde: "Cadê? Achou!"

Figura 39 – Mãe e bebê brincando

Como vimos no capítulo V, esse tipo de interação é fundamental para o desenvolvimento do apego: é com o adulto que interage com ela que a criança estabelece um vínculo forte, e não com aquele que apenas satisfaz suas necessidades físicas básicas. Ao mesmo tempo, ao brincar com o bebê a mãe está aos poucos estruturando seu mundo: dando significados aos objetos que usa para mediar sua interação com o bebê, selecionando e especializando as vocalizações do bebê, exercitando o diálogo por meio da alternância de papéis que se dá na comunicação e aprendendo, ela própria, a se comunicar com ele.

> Veja capítulo:
> Há mais gente
> lá fora.

Mas as mães (ou os pais, ou outras figuras de apego) não são os únicos parceiros importantes para brincadeiras. Desde muito cedo, a criança se interessa profundamente por outro tipo de parceiro, menos previsível e menos fácil de controlar do que o adulto: a outra criança.

Muita gente (inclusive vários psicólogos) acha que crianças pequenas não conseguem interagir com outras crianças. A origem dessa falsa crença é às vezes atribuída a Piaget, por causa do conceito de egocentrismo formulado por ele. Na verdade, o egocentrismo na formulação de Piaget não tem nada a ver com disponibilidade e competência para a troca social: ele se refere a uma característica do pensamento ou do desenvolvimento cognitivo. O que o conceito de egocentrismo significa em Piaget é que, até aproximadamente os seis anos de idade, a criança ainda não tem a capacidade de se colocar no lugar do outro e pensar do seu ponto de vista. Isso não significa que a criança seja associal ou antissocial até essa idade. Ao contrário, como já insistimos antes, a criança nasce social, fundida com o outro, e o que o desenvolvimento envolve é um processo de diferenciação ou individuação. É esse o ponto de vista de Wallon, de quem ainda voltaremos a falar neste capítulo.

O fato que qualquer observador atento pode reconhecer é que crianças se interessam por outras crianças desde muito pequenas e têm muita disponibilidade para a troca social com esses parceiros mais parecidos com elas do que os adultos. É claro que essa troca nem sempre é fácil: há problemas de comunicação e de convivência com outras vontades, em geral mais sérios do que os que ocorrem entre a criança e os adultos com quem se relaciona. Veja por exemplo a sequência de interação descrita a seguir:

> Diogo (vinte meses) e Jane (catorze meses) estão visitando a casa de Malu (trinta meses). Enquanto Jane fica na sala no colo da tia, Diogo e Malu vão para o quarto dela. Diogo pega um brinquedo na estante, Malu toma dele, protestando:
> – É meu!
> Malu pega outro brinquedo e vai para a sala, seguida por Diogo.
> Ela se aproxima de Jane, passa a mão em sua cabeça dizendo em manhês:
> – Bonitinha! Quer este?
> E oferece o brinquedo a Jane. Depois de alguns minutos, Malu pega uma bola e chama Diogo para jogar no quintal. Os dois jogam a bola um para outro, alternando vocalizações simples:
> – Dá!
> – Agora pra mim!

Deu para você perceber como mesmo crianças bem pequenas são perceptivas e sutis ao interagirem, e ajustam seu comportamento ao parceiro e ao contexto? Malu não deixa Diogo pegar seus brinquedos em seu quarto, mas oferece seus brinquedos a Jane, com quem ela fala e age como um adulto em relação a um bebê. Depois, quando as regras são claras e a comunicação é simples, como no jogo de bola, a brincadeira flui. Diante disso, dá para dizer que criança pequena ainda não é um ser social? Da mesma forma que na interação de uma mãe (ou outro adulto) e seu bebê, ao brincarem com os parceiros de idade as crianças também criam e compartilham significados e constroem relações significativas e significadoras, mesmo que de pouca duração.

> Veja capítulo VI.

2. Brincar e aprender

O brincar é uma oportunidade privilegiada para aprender, mas antes de tudo é uma oportunidade para se divertir, para usufruir a companhia dos parceiros. As crianças brincam porque gostam; brincando, elas aprendem, constroem ou transformam objetos em cooperação com o outro, como se estivessem realizando verdadeiros experimentos; compartilham significados e elaboram temas em comum; fazem antecipações sobre o comportamento do outro ou incorporam, ajustadamente, uma nova ação ou objeto à brincadeira em curso; reconstroem o sentido de um objeto social a partir da confrontação dos vários sentidos atribuídos pelos protagonistas da brincadeira e também a partir da exigência de especificá-lo e generalizá-lo em experiências que se repetem.

Todos esses aspectos evidenciam processos de desenvolvimento e de aprendizagem instigados pelo brincar e que, presumivelmente, se multiplicam no cotidiano das crianças quando em interação social. Observe o episódio descrito a seguir, que ocorreu em uma sala de berçário de uma creche.

> Algumas crianças, com idade em torno de um ano, brincam no chão com objetos espalhados. Yasmin segura uma bola um pouco murcha; esta escorrega de sua mão e passa perto de Karoline. Yasmin engatinha na direção da bola, mas Karoline a alcança primeiro. Yasmin olha para a educadora e volta a olhar para a bola. Jadson, que se encontrava sentado ali por perto, começa um choro forte.
> Observa-se que Patrícia havia tomado um objeto de suas mãos. Todas as crianças se voltam para ele, inclusive Yasmin e Karoline. Jadson põe-se em pé e chora forte. A bola escorrega das mãos de Karoline, que engatinha em sua direção. Yasmin também engatinha na direção da bola. A educadora diz para Jadson:
> – A bola; a bolinha; pega a bola – apontando-a.
> Mas é Yasmin quem a pega, volta-se e joga a bola na direção da educadora. A bola passa entre Jadson e a educadora, que tenta alcançá-la, mas a bola se desvia em direção a outra criança, Jessé. A educadora aponta para a bola e fala outra vez para Jadson:
> – Pega a bola!
> Jadson para de chorar. Yasmin engatinha em direção à bola. Jessé a acompanha com o olhar, solta o brinquedo que segurava e engatinha também na direção da bola. Chegando perto dela, bate-lhe e dá um gritinho:
> – Tá, á, á, á, á – continuando a olhar para Yasmin.
> Esta passa em sua frente, engatinhando, e Jessé a acompanha. Yasmin bate na bola, senta-se e a segura. Jessé toma a bola de Yasmin e ela choraminga. Jessé volta-se para trás, joga a bola e fala:
> – Tá, á.
> A bola para debaixo do berço. Yasmin cessa o choramingo e volta a engatinhar, saindo do foco da câmara. A educadora fala:
> – Vá lá, Mimi (Yasmin).
> Yasmin engatinha mais um pouco, senta-se e pega outro objeto. Karoline, já com outros brinquedos, solta-os, dirige-se para a bola e emite o seguinte som:

> – Ê, ê, ê!
> Ela alcança a bola, mas esta escorrega de suas mãos. Karoline senta-se, olha em torno e dá um empurrãozinho na bola. Ouve-se a educadora:
> – Levanta, Jessé, vai buscar a bola, vai.
> Karoline olha outra vez para a bola, movimenta a mão como se estivesse dando tapinhas no ar e fala:
> – Tá, tá, tá.
> Em seguida, põe-se em pé e observa Yasmin, do outro lado do berço, jogar um objeto no chão. Anda na direção dela. Ouve-se a educadora dizendo:
> – Vai lá, Jessé, buscar [a bola]; vai lá, Jessé!
> Karoline senta-se, bem próxima de Yasmin, pega o objeto que esta jogara no chão, orienta-se para ela e balança o braço e a cabeça. Depois, as duas orientam-se para a porta da sala. Jessé reaparece na cena, dirige-se para o berço e apanha a bola, volta-se e joga a bola na direção delas. Anda, apanha a bola novamente e a joga outra vez.
> Karoline vai até a bola, a apanha e volta para a porta. Jessé tenta tomar a bola; não consegue e sai da sala. Karoline larga a bola e o segue. Yasmin também os segue.

Observando essa sequência, temos pistas claras de que uma brincadeira foi construída pelas crianças, aparentemente estimuladas pelas sugestões da educadora. As indicações que temos são: a persistência com que as crianças perseguem a bola, seguindo um roteiro imprevisível pelo fato de a bola estar murcha; os pequenos gritos que acompanham a movimentação das crianças quando a alcançam, a jogam ou quando vão em sua direção, sinalizando satisfação com a atividade que realizam; algumas disputas pela bola, dando-nos pistas de que há um interesse forte por esse objeto; e a orientação das crianças umas para as outras (olham-se, acompanham a outra na perseguição da bola e, ainda, no final do episódio, Jessé, não conseguindo tomar a bola das mãos de Karoline, afasta-se, saindo da sala; Karoline larga a bola e o acompanha; Yasmin também os segue). Esse fato é mais um indício de que o brinquedo tem mais interesse quando também interessa ao outro. As crianças em situação coletiva orientam-se mutuamente; a curiosidade de uma torna-se, frequentemente, curiosidade de outras; e as situações são mais prazerosas quando as outras também participam.

Seguindo essas pistas, interpretamos essa situação como uma atividade lúdica: um jogo de perseguir uma bola! Há persistência em segui-la, há tentativas de jogá-la, há disputa em segurá-la e há sinais de alegria. Vigotski, entretanto, não chamaria essa atividade de brincadeira. Para ele, só seria possível considerar-se uma atividade como brincadeira se as crianças estivessem envolvidas de modo imaginativo. Isso teria início, apenas, em torno dos dois anos de idade, quando elas dispusessem de recursos que lhes permitissem representar. Para esse autor, no brinquedo a ação está subordinada ao significado.

Piaget, outro teórico da Psicologia do Desenvolvimento, já apresentado anteriormente, pensa um pouco diferente e admite que crianças bem pequenas brincam quando realizam uma atividade pelo prazer único de dominá-la; parece existir aí um sentimento de eficácia e de poder.

Em seu livro *A formação do símbolo na criança*, Piaget discute as classificações de jogos infantis propostas por diversos autores e elabora uma classificação descritiva a partir do comportamento das crianças: jogos de exercícios; jogos simbólicos; e jogos de regras. No primeiro caso, a criança põe em ação um conjunto variado de condutas e exercita funcionalmente as estruturas de ação que possui, sem outra finalidade a não ser o próprio prazer de exercitá-las. Os jogos simbólicos implicam a representação mental (representação de um objeto ausente; por exemplo, a criança desloca uma caixa imaginando ser ela um automóvel); portanto, surgem em meados do segundo ano de vida e seguem um curso de desenvolvimento em que se afastam cada vez mais do simples exercício. Os jogos de regras supõem relações sociais ou interindividuais, uma vez que a regra quer dizer regularidade imposta pelo grupo e a transgressão representa uma falta. Assim como no jogo simbólico, um jogo de regras pode envolver exercícios motores, como a manipulação das bolinhas, no caso do jogo de bolas de gude; também, frequentemente, envolve a imaginação simbólica, como nos jogos de tabuleiro em que os peões representam rei, rainha, leão, ou qualquer outro personagem. Exercício, símbolo e regras caracterizam as três fases sucessivas das grandes classes de jogos que se baseiam nas estruturas mentais, segundo Piaget.

Especialmente interessante para o estudo do desenvolvimento humano é a brincadeira imaginativa, também chamada de faz de conta, ou de jogo dramático, em que a criança subordina o objeto, o local da brincadeira, o próprio corpo etc. aos propósitos de sua imaginação. Uma cadeira passa a ser, por exemplo, um carro para transportar seu filhinho (o boneco ou um simples galhinho de uma planta), e um espaço da sala passa a ser a casa de vovó ou o parque onde seu filhinho vai passear. Normalmente os adultos observam essas brincadeiras e as consideram atividades simples e ingênuas que divertem as crianças. Parando um pouquinho para pensar sobre elas, podemos interpretá-las, sim, como brincadeiras que causam grande prazer nas crianças e as envolvem de maneira singular. Basta olhar a seriedade com que desempenham o seu papel, as negociações necessárias entre os parceiros para viabilizarem o enredo, as artimanhas usadas como estratégias para conseguir seus intentos etc.

Mas a situação imaginária tem também outra faceta. As crianças, de certa forma, estão "transgredindo" as regras daquilo que está estabelecido, socialmente organizado, com significados construídos e compartilhados. Ao criarem outros sentidos e outros modos de funcionamento para as coisas e lugares, outros papéis e posicionamentos sociais para si e seus parceiros, elas estão experimentando, com suas ações, a possibilidade de "quebrar" a fusão que parece existir entre a coisa e o seu significado. Inicialmente o significado parece impregnado na coisa; significado e coisa são como que indivisíveis.

A brincadeira de faz de conta propicia a descoberta de que outros sentidos podem ser atribuídos às coisas e potencializa o exercício de poder criar e imaginar novos atributos para os mesmos objetos, os mesmos espaços, as mesmas situações. Essa descoberta possivelmente tem repercussões sobre o modo de a criança pensar o seu ambiente, pois se sentirá instigada a coconstruir esses objetos, espaços e situações. Possivelmente também contribui para o processo de sua individuação, na medida em que obtém pistas de que pode se opor, transgredir a regra, ou modificar o já construído. Observe o episódio em que Paola, uma criança de três anos, cria uma situação imaginária de mãe-filho, da qual participam outras crianças aproximadamente da mesma idade.

> Inicialmente, deitada num colchonete, chupando o dedo polegar, num canto da sala, Paola faz o papel de nenê e chora para que seus pais, Dani e João, voltem do trabalho e a consolem. João e Dani aproximam-se de Paola, sempre que a veem chorando; ora um, ora outro, se senta no colchonete, ao lado dela; Paola logo os "empurra", dizendo:
> – Vai lá *tabalhar*.
> Depois olha para a educadora, que reforça o comando de Paola:
> – João, vai! Vai trabalhar.
> João e Dani se afastam. Eles dividem suas atenções entre suas próprias atividades, de interesse mútuo, e aquelas solicitadas por Paola, que os inclui em seu jogo de faz de conta: Paola chora e é atendida pelas duas crianças que voltam correndo ao colchonete, passam a mão em suas costas etc.
> A cena se repete, com algumas variações, sempre dirigida por Paola, que também inclui a educadora ao orientar-se para ela, dizendo:
> – Tia, *chama eu*!
> A educadora, então, chama a atenção de Dani dizendo:
> – *Oia*, a menina *tá chorando*!
> Outras crianças se aproximam de Paola, inclusive Dani, que diz:
> – Não chora...
> A brincadeira já se desenrola por cerca de dez minutos; Paola levanta-se do colchonete, busca alguns objetos, inclusive um boneco, e os deixa com a educadora, sempre fazendo comentários e explicitando seus arranjos lúdicos.
> Alex (três anos) havia perdido um brinquedo, disputando-o com Dani e chora; agora, está ressentido. Paola orienta-se para Alex e o conduz ao colchonete onde antes ela deitara; sugere que ele se deite, cobre-o com um lençol e diz:
> – *Chola, chola*!
> Depois se afasta, seguindo para o fundo da sala; no percurso, Paola aponta para si e dirige-se à educadora, dizendo:
> – Chama eu, tia!
> A educadora responde:
> – Paola, não vai pegar seu nenê?

> Paola movimenta-se pela sala, volta-se para a educadora e pergunta, apontando o colchonete onde estava Alex:
> – *Cholou?!*
> Depois aponta para si e diz:
> – Tia, *chama eu*!
> A educadora diz:
> – Paola... o nenê tá chorando!
> Há várias aproximações e afastamentos de Paola em relação a Alex: ao aproximar-se, ela o conforta:
> – Vem passear com a mamãe. Vem passear. Vamos passear, vamos? – estendendo-lhe a mão.
> Ou:
> – Aqui; mamãe vai comprar presente bonito.
> Ao afastar-se, andando até o fim da sala, Paola se explica:
> – *Tô* trabalhando!
> Ou:
> – Mamãe *vai ir* trabalhar!
> Em uma de suas vindas para perto de Alex, Paola o cobre com o lençol e diz:
> – Não *chola*, não.

Esses dois momentos do episódio nos trazem pistas interessantes sobre o pensamento das crianças envolvidas em um jogo imaginativo: o deslize de um plano a outro do pensamento. Observando-se especialmente Paola, vê-se que ela assume dois papéis ao longo da brincadeira: o de roteirista da situação imaginária quando ela dirigia a cena, orientando os personagens da brincadeira, inclusive o próprio papel; e o de personagem integrante da cena (nenê, no primeiro momento; e mãe, no segundo momento). Como roteirista, ela dizia para Dani e João (seus pais) irem trabalhar; pedia que a educadora a chamasse ("Tia, *chama* eu!"); ou dizia a Alex (seu filho) que chorasse, enquanto ela se afastava para trabalhar. Por outro lado, como integrante da cena, Paola chorava como nenê, com o polegar na boca, ou engatinhava pela sala, representando o papel de filha de Dani e João, no primeiro momento da brincadeira; ou então, no segundo momento, saía para trabalhar e confortava seu filho ao voltar para casa, enquanto representava o papel de mãe de Alex: dois planos de pensamento que se revezavam continuamente durante a brincadeira. Vê-se, ainda, que não somente como roteirista e personagem, mas nesse plano, em que se incluía na cena, também existem planos distintos no pensamento: ora Paola se posicionou como nenê; ora como mãe. Isto também implicou ajustes para desempenhos adequados dos dois papéis, nos dois momentos distintos da brincadeira.

A situação imaginária, criada pela própria criança, revela um intenso trabalho mental. Os recortes de um plano e outro do pensamento não são dados, mas construídos, concebidos! Busca apoio na situação: no espaço que delimita lugares (casa e trabalho); nos objetos que viabilizam ações específicas (uma miniatura de fogão, que é colocada ao lado do colchonete e passa a ser um televisor para distrair a criança enquanto a mãe saía para trabalhar); nos parceiros sociais que são indicados como personagens da trama imaginada; no próprio corpo que se ajusta à postura de nenê (permanece deitado, engatinha, chora) ou de mãe (anda pela sala, vai para o trabalho, conforta e acaricia); e, em se tratando de criança que apresenta competência verbal, ela se apoia também na fala: "*Chola*", diz Paola a Alex imediatamente antes de assumir seu papel de mãe que saía para trabalhar: *"Chola não"*, diz Paola à mesma criança, enquanto assumia o papel de mãe que voltava para casa e encontrava seu filho triste por causa de sua ausência. Dois comandos opostos, que marcavam posições diferentes!

Wallon é um dos teóricos que, estudando o desenvolvimento infantil, nos ensinaram a olhar a criança em seu momento atual. Ele explica, no livro *As origens do caráter na criança*, que os jogos de alternância de turnos, de ritmos, de papéis e de posições parecem uma contínua experimentação para pôr à prova a sensibilidade dos opostos, a complementaridade das ações e o antagonismo das emoções correspondentes a essas ações. Essa alternância parece ajudar a criança a se separar das situações. O processo de diferenciação eu-outro caracteriza-se, no primeiro ano de vida, por uma espécie de confusão entre seu ponto de vista e o do outro; depois começa a ocorrer a diferenciação entre a criança e seu parceiro até que, já por volta dos três anos, ela percebe que é diferente do outro. A brincadeira de faz de conta parece instigar a criança nesse processo.

Podemos indagar quanto as situações de brincadeiras propiciam aprendizagens da criança. Seguindo nossa reflexão, escolhemos mais um episódio em que duas crianças, persistentemente, por cerca de dez minutos, tentam suspender uma grande caixa de papelão contendo uma garrafa PET cheia de um líquido colorido, objetos deixados à disposição das crianças para seu manuseio.

Miguel (dois anos) segura uma garrafa PET, e Luan (dois anos e meio), uma grande caixa de papelão. Luan pega a garrafa e coloca dentro da caixa; Miguel fecha a tampa, agacha-se e tenta levantar a caixa. Ergue-a um pouco, mas a caixa cai. Miguel olha para Luan, faz nova tentativa, não consegue. Então abre a tampa e Luan pega a garrafa e se afasta. Miguel vai atrás dele, segurando a caixa; parece querer recuperar a garrafa. Ele chama pela educadora. Luan solta a garrafa e pergunta a Miguel:

– Tu vai botar onde?

Miguel: – Aqui! – jogando a garrafa na caixa de papelão.

Luan pega a garrafa e a coloca na caixa. Miguel a fecha, Luan ajuda. Os dois arrumam os lados abertos da caixa para que a garrafa não caia.

Luan e Miguel seguram a caixa que está com a garrafa dentro, suspendem-na juntos e começam a caminhar pela sala. Nos momentos seguintes, alternam-se ações de colocar a caixa no chão, erguê-la juntos, recuperar a garrafa que cai e recolocá-la na caixa, ajustar a tampa, entre sorrisos, risos e movimentos saltitantes, cada um respeitando não só o momento do outro na brincadeira, mas se orientando pelo olhar e sorriso, numa sintonia de movimentos que possibilitou a construção de uma brincadeira compartilhada.

Figura 40 – Luan e Miguel constroem uma brincadeira

Esse episódio nos revela uma "experimentação" levada a cabo pelas duas crianças: equilibrar um objeto que rola (garrafa PET, cheia de líquido) em uma caixa, cujas laterais não estavam coladas ou encaixadas de modo a dar firmeza à caixa. Esta, portanto, se abria com o peso da garrafa que rolava dentro dela, mesmo sendo cuidadosamente fechada com a tampa. O movimento de levantar a caixa fazia que ela se inclinasse e, em consequência, a garrafa rolava para o lado mais baixo. Luan, que observou as primeiras tentativas de Miguel para erguer a caixa, resolve ajudá-lo. Arrumam as laterais, fecham a tampa e a suspendem outra vez. Não demora muito e a garrafa rola, escapando pelo lado que abriu. Noções de peso, força empreendida, inclinação, movimento e equilíbrio estão sendo experimentadas nas ações das crianças; mesmo não conseguindo equilibrar demoradamente a garrafa, as persistentes tentativas das crianças permitem uma aprendizagem que instiga uma reflexão – o produto final pode não ser alcançado a bom termo, mas se aprende com o insucesso; tentam-se novas ações (outras posições do objeto; mais cuidado ao fechar a tampa; mais capricho para reconstruir as laterais da caixa; outros modos de levantá-la etc.).

Além de um processo em curso, que permite que as crianças aprendam sobre eventos físicos, ativamente experimentados em relação às possibilidades de seu corpo (tamanho do objeto em relação a si próprio, sobre a força necessária para movê-lo, com ou sem a ajuda do parceiro, sobre a melhor posição de pegar na caixa para suspendê-la etc.), outro ponto merece destaque: o ajuste sincrônico do movimento das duas crianças para erguer os objetos (garrafa dentro da caixa). O ponto ótimo de equilíbrio corresponderia a erguer simetricamente os dois lados da caixa que eram agarrados pelas duas crianças, uma vez que a superfície do fundo da caixa era lisa e plana. Esse ajuste era potencialmente bem difícil, uma vez que o tamanho do corpo (altura e comprimento dos braços) diferia ligeiramente entre as duas crianças, bem como sua força provavelmente não era igual. Acrescente-se o deslocamento na sala que fazia parte da brincadeira construída por elas.

Há quem pense que a criança aprende apenas com o adulto. Como vimos, ela aprende também com a outra mais velha, ou da mesma idade, e até mesmo com a mais nova! Ela aprende muitas coisas: informações sobre um evento, um objeto, sobre o outro, sobre si própria etc. Imagine o quanto deve ser significativo a criança perceber-se dominando os próprios movimentos para a realização de seu intento! Ou o quanto ela parece importante para seu amigo que a aguarda para uma aventura!

3. Aprender e ensinar

Além de aprender, a criança ensina, mesmo sem palavras, apenas fazendo algo para a outra observar, ou fazendo com a outra. Veja este episódio que ocorreu entre duas crianças de cerca de dois anos, um menino, Jô, e uma menina, Vika, em uma sala de creche.

> Jô derruba uma cadeira batendo com o pé, sem querer. Minutos depois, ele cuidadosamente derruba uma segunda cadeira, inclinando-a pelo espaldar e soltando-a quando bem próxima do chão. Jô vai até a cadeira que está perto de Vika e, do mesmo modo, a derruba. Vika brincava sentada no chão, ao lado da cadeira, e o observa. Em seguida, Vika levanta-se e tenta erguer a cadeira, segurando-a pelas pernas da frente. A cadeira desliza, aproximando-se dela, e Vika não consegue erguê-la.
> Agora é Jô quem a observa. Ele se aproxima de Vika e ergue parcialmente a cadeira, segurando-a com uma mão no espaldar e a outra na parte dianteira do assento; mas solta a cadeira, deixando-a cair; olha para Vika, espera um pouco e se afasta. Vika tenta erguer a cadeira, segurando-a, mais uma vez, pelas pernas da frente e, depois, pela parte dianteira do assento, mas a cadeira desliza. Vika vai para trás da cadeira, segura com as duas mãos no espaldar e a ergue facilmente, olhando para Jô, que acabara de levantar a primeira cadeira derrubada.

Um acidente transformou-se em uma brincadeira, ou seja, parece ter sugerido algo à criança. A primeira cadeira que caiu foi totalmente por acaso, uma vez que Jô bateu com o pé na cadeira que estava atrás dele, sem vê-la. O impacto do barulho destaca-se entre os sons do ambiente, fazendo que as crianças se orientem para o lado da sala onde ele aconteceu. Imediatamente, Jô tenta repeti-lo e faz isso derrubando intencionalmente as outras duas cadeiras da sala. O cuidado com que ele as derrubou permite que se emparelhe sua ação a uma motivação de excitamento e não de bagunça ou desordem: ele baixa vagarosamente a cadeira, segurando em seu espaldar e, ao chegar próximo ao chão, solta-a, com uma expressão de expectativa do que vai acontecer – um barulho. Vika, entretanto, parece não gostar de ver sua cadeira derrubada: ela para o que fazia e tenta levantá-la, mas não consegue. Jô a observa; em seguida, assume a tarefa de levantar a cadeira de Vika. O modo como ele procedeu – levantando a cadeira até bem próximo de sua posição final, voltando-a para o chão, olhando para ela e esperando que ela retomasse seu turno de ação – é um forte indício de que o garoto teve a intenção de demonstrar como pegar na cadeira e o movimento necessário para erguê-la.

A criança reflete sobre suas próprias ações e extrai informações dos resultados alcançados; ela reflete também sobre as ações das outras crianças e também aprende com elas. Mas, assumir a tarefa de erguer a cadeira de Vika sem, entretanto, fazê-lo em seu lugar, deixando-a executar no turno seguinte, é mais do que aprender com a parceira: é avaliar a competência da outra criança e fornecer pistas sobre como ela pode realizar a tarefa que deseja; isso é ensinar a outra criança!

4. Brincar e criar

Você se lembra do conceito de neotenia, mencionado no capítulo II? Neotenia significa a persistência de características infantis no adulto, por meio de processos de seleção natural no decorrer da história evolutiva. No caso dos seres humanos, a brincadeira é uma dessas características neotênicas. Brincar, como vimos, é espaço de conhecer, de formar e vivenciar relações sociais, de aprender/ensinar, de investigar, de expressar sentimentos, desejos, conflitos. A motivação e a capacidade para brincar são fundamentais na vida humana, e por isso foram selecionadas pela evolução – não só para a infância, mas ao longo de toda a vida. É o mesmo tipo de motivação que está por detrás de nossa curiosidade, de nossa inventividade, de nosso desejo de aventura e de risco, de nossa expressividade científica e artística.

Cada criança é um artista e um cientista potencial, que pode desabrochar se lhe for permitido e se for esse o caminho que vai se abrir à sua frente. Cada ser humano adulto conserva em si a ludicidade, o desejo de inventar, de descobrir, de rir, de expressar e elaborar seus sentimentos – felizes ou sofridos – de criar e de compartilhar com os outros os produtos de sua ludicidade e a vocação para a exploração do mundo – se a vida lhe der espaços para isso.

Brincar não é importante somente para crianças até seis anos. Brincar é coisa séria, é condição propiciadora de saúde e de qualidade de vida em qualquer idade. A oposição entre brincadeira e coisa séria, ou entre lazer e trabalho, ignora que a maior produtividade se dá quando há espaço para a expressão de nossas motivações fundamentais.

Capítulo VIII

A MAGIA DA FALA

A magia da fala

*Mateus (três anos) acompanhava a mãe,
que ia visitar uma amiga. A mãe lhe dizia:
– Mateus, quando chegar lá, fale com as pessoas,
não fique mudo, dê bom dia...
Olhe, eu morro de vergonha...
Mas, antes que a mãe continuasse,
Mateus interrompe e completa:
– Eu também!*

Agradecemos a Katia S. Amorim, pela cessão de material de sua tese de livre-docência para ilustrar este capítulo.

Entre as primeiras trocas de olhares, os primeiros sorrisos, os primeiros balbucios e gritinhos, e a já sofisticada conversa entre Mateus e sua mãe – na qual ele expressa um sentimento que reconhece em si mesmo, igualando-o ao que a mãe expressa (ainda que por motivos diferentes...) – há um percurso tão incrível que até parece mágico. As transformações na comunicação entre o bebê e seus parceiros sociais desde o nascimento até o domínio da linguagem verbal representam um processo tão complexo e tão precoce que tem desafiado há muito tempo – e ainda desafia! – a compreensão dos pesquisadores.

Alguns, por exemplo, supuseram que esse processo consiste basicamente em aprender imitando palavras ditas pelos adultos e associando-as às coisas às quais elas se referem. Mas, para qualquer pessoa que preste atenção à fala das crianças e às maneiras pelas quais ela vai se transformando, é óbvio que essa explicação não convence. Como seria possível entender, por exemplo, por que uma criança diz: "eu *fazi*" em vez de "eu fiz" (uma coisa que ocorre com muita frequência, e que todo mundo já deve ter tido chance de observar), se os adultos nunca usam essa palavra? É evidente que a criança está regularizando um verbo irregular, ou seja, ela já descobriu que há regras que regulam a linguagem.

Levando em conta observações como essa, um importante pesquisador da linguagem, o linguista Noam Chomsky, propôs a hipótese de que o nosso cérebro teria um "dispositivo de aquisição de linguagem", um conhecimento inato sobre regras e outras propriedades universais da linguagem. Essa proposta gerou muita discussão e controvérsias que argumentavam que a linguagem não poderia ter base inata, uma vez que evidentemente precisa ser aprendida. Mas também é evidente que essa é uma aprendizagem de um tipo particular: ninguém precisa ensinar uma criança a falar; basta que ela conviva em um ambiente de pessoas que falam – entre si e/ou com ela – para que a linguagem emerja, e de uma forma tão surpreendentemente rápida quando se trata de uma habilidade tão complexa, que desafia qualquer teoria simplificada de aprendizagem!

Outro teórico muito importante nessa área é o psicólogo Jerome Bruner. Ele reformulou a noção de "dispositivo de aquisição de linguagem" como um dispositivo de suporte – uma espécie de andaime – para a aquisição da linguagem que, possibilitado pelas características singulares do cérebro humano, vai sendo construído nas brincadeiras e outras interações com parceiros no decorrer do primeiro ano de vida.

Deixando de lado as controvérsias que até hoje existem a esse respeito, vamos tomar, como ponto de partida e aspecto central deste capítulo, essa ideia de Bruner sobre a interação com o outro como o espaço de construção da comunicação em geral, e da linguagem verbal em particular. Para isso, temos de voltar ao bebê que já conhecemos um pouco no capítulo IV. Em um sentido muito concreto, a criança está mergulhada na linguagem desde o nascimento – e até antes, uma vez que, como já vimos, ela ouve dentro do útero os sons do idioma de seu ambiente social. A palavra não surge do nada: quando nos referimos a "fala", não queremos dizer apenas a articulação de sílabas e palavras que começa a ocorrer no final do primeiro ano de vida. A criança se comunica desde que nasce, com o corpo, com gestos, posturas, expressões faciais, vocalizações – como, aliás, todos nós continuamos a falar, por toda a vida, não apenas com palavras.

1. Bebês conversam?

> Lila (nove meses) está sentada brincando de "tra-lá-lá" com a vovó: a vovó canta, enquanto sacode ritmicamente uma das mãos, em movimentos circulares: "Trá-lá, trá-lá, trá-lá-lá-lá-lá..."
> Ao terminar, levanta o braço e diz:
> – Hey!
> Lila está olhando atentamente para a vovó e sorrindo. Depois de umas duas repetições, a vovó para um pouco. Lila, sempre olhando para ela, sacode a mãozinha circularmente, no mesmo gesto. A vovó recomeça a brincadeira. A certa altura, vovó interrompe no último "trá-lá-lá...", e Lila ergue o bracinho e diz:
> – Eh!

Esse episódio conta várias coisas sobre a comunicação entre Lila e a vovó. A concentração de Lila na brincadeira conta que ela está atraída pelo ritmo, pelo som, pelos gestos, e seu sorriso conta que essa brincadeira é prazerosa. Quando sacode a mão depois da interrupção, a vovó interpreta isso como uma sugestão de que a brincadeira continue, e então recomeça. E quando vovó interrompe antes de terminar, e Lila termina, conta que está sintonizada com os turnos da brincadeira: ela assume o turno que a vovó não terminou. É um diálogo!

A regulação por turnos aparece nos bebês bem antes da idade de Lila. Turnos ocorrem claramente, por exemplo, nas brincadeiras de esconde-esconde em que o adulto cobre (dizendo: "Uh, uh...") e descobre ("Achou!") o próprio rosto ou o do bebê. E, é claro, turnos são o componente essencial do diálogo, ou seja, das conversas: trocas de gestos ou de vocalizações também são conversas em turnos – por exemplo, em episódios de imitação recíproca.

E agora talvez você tenha uma surpresa: não é só com os adultos que os bebês conversam. Veja este episódio entre duas meninas de quatro e cinco meses que estão deitadinhas em um colchão no berçário da creche:

> Jaqueline está olhando para Catarina, que olha em outras direções. A certa altura, Jaqueline, sempre olhando para Catarina, dobra os joelhos, ergue e depois abaixa os pés e as pernas. Catarina se volta e olha para o rosto de Jaqueline; os olhos das duas se encontram por alguns segundos. Catarina desvia o olhar; Jaqueline continua olhando para ela e volta a erguer e baixar as pernas por cinco vezes. Cada vez que seus pezinhos batem no colchão,

Catarina se volta e elas se olham por alguns segundos antes que Catarina desvie o olhar.

A sequência se repete mais algumas vezes, e em algumas delas Jaqueline esboça um sorriso e move as pernas quando os olhares se encontram. Em um dos movimentos, o pé de Jaqueline toca o pé de Catarina, que também mexe o pé, sem olhar. Os pés de Jaqueline se apoiam sobre os de Catarina, os olhares se encontram e Jaqueline se mexe com mais vigor.

Catarina olha em volta e mexe as pernas, que tocam em Jaqueline. Jaqueline mexe também as pernas, sempre olhando para Catarina, olha em volta, depois olha para Jaqueline e vocaliza. Jaqueline mexe os braços e as pernas e vocaliza. Catarina ergue as pernas, Jaqueline move os braços enquanto Catarina está olhando para ela. Catarina move os braços, desvia o olhar, depois volta a olhar para Jaqueline e vocaliza novamente. Jaqueline olha para ela, Catarina balbucia longamente, movendo as pernas. As duas se olham, seus pés se tocam algumas vezes. Catarina encolhe as pernas e se volta para o outro lado.

Figura 41 – Catarina e Jaqueline 'conversam'

Por que podemos dizer que os movimentos e vocalizações não são casuais, e que as duas crianças estão interagindo? É porque não podemos entender o comportamento de cada uma se não levarmos em conta a outra: Jaqueline está sendo regulada por Catarina desde o início, com sua atenção voltada para ela; e Catarina passa a ser regulada por Jaqueline a partir do momento em que passa a prestar atenção nela. Os movimentos e as vocalizações de cada uma das crianças são indícios de regulação de uma pela outra, ou seja, de *inter-ação*, do mesmo jeito que o olhar de Lila indica que ela está sendo regulada pela vovó enquanto esta canta e gesticula, e que a vovó é regulada por Lila quando volta a cantar depois que ela sacode a mãozinha.

A troca de olhares, ou atenção recíproca, é uma condição inicial do que Colwin Trevarthen chamou de intersubjetividade primária: o reconhecimento do outro, que possibilita a regulação recíproca. Pesquisadores brasileiros têm estudado a evolução dessa regulação entre mãe e bebê, mostrando que, quando o bebê e a mãe já estabelecem essa troca de forma rápida, abreviada, o caminho está aberto para o surgimento de outra modalidade de comunicação, a comunicação referente ao ambiente, e não apenas aos próprios parceiros de interação. O episódio seguinte, com crianças um pouco mais velhas, mostra essa modalidade de comunicação já estabelecida e ocorrendo entre parceiros de idade.

> Daiane (catorze meses) e Juliano (treze meses) estão sentados no colchão manipulando objetos. Daiane está de costas para Juliano, mas se volta, orienta-se para ele e começa a bater no pote que ele está manipulando, até que o pote cai da mão de Juliano e rola para longe. Daiane olha para o rosto de

> Juliano, vocaliza e estende o braço apontando para o pote. Juliano olha para onde ela aponta. Daiane continua vocalizando, Juliano engatinha na direção do pote e o apanha.

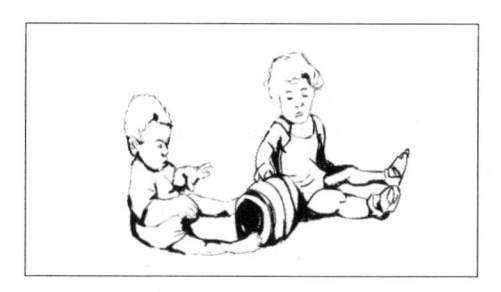

Figura 42 – Episódio de Daiane e Juliano

> Para algumas curiosidades sobre esse gesto, veja *box*: O apontar.

O apontar já foi lembrado no capítulo III. Agora, pensando sobre a magia da fala, esse gesto ganha um novo significado: ele permite que os parceiros de interação compartilhem um mesmo olhar sobre o mundo. É o que a literatura chama de "atenção conjunta", e é um dos componentes do que Michael Tomasello, outro nome importante nesta área, chama de "revolução dos nove meses". Alguns autores discordam dessa expressão, achando que falar em revolução é um exagero para algo que vem acontecendo desde o nascimento. De qualquer forma, por volta dos nove meses, o gesto de apontar, a atenção conjunta e outros indícios mostram que o bebê está reconhecendo o parceiro como um agente intencional: que tenta dizer ou mostrar alguma coisa – o que Trevarthen chama de intersubjetividade secundária.

Podemos pensar que uma situação interacional desse tipo – em que o bebê e o parceiro estão compartilhando o foco da atenção e o interesse em um mesmo evento – só está à espera da palavra. Se o parceiro diz uma palavra referente a este evento, ela ganha prontamente um conteúdo significativo, um conteúdo vivido. Não é à toa que autores como Tomasello enfatizam o papel da intersubjetividade no desenvolvimento da linguagem!

E isso nos lembra mais uma coisa que quase todo mundo sabe: bem antes da palavra falada, vem a palavra compreendida.

2. Imitar e entender vêm antes de falar

Não é fácil saber com certeza a partir de quando o bebê começa a compreender sons da língua.

Isso se torna mais evidente quando a criança responde a certas palavras ou frases de uma maneira reconhecível. Por exemplo, um bebê que apresenta apenas vocalizações como balbucios ou gritinhos pode responder às palavras: "Dá tchau pra vovó" movimentando a mãozinha enquanto olha para a avó. Isso não quer dizer que ele já saiba o que significa tchau, ou vovó, ou entenda que a seguir a vovó vai embora. A reação mostra que, de alguma forma, ele reconhece essa situação interacional, o que se espera que ele faça no seu turno – e, é claro, mostra ainda que ele se dispõe a participar da interação, está motivado para interagir. Essa questão é complicada também pelo fato de que os parceiros usualmente oferecem modelos: eles mesmos acenam ao pedir que a criança acene; então se poderia pensar que se trata apenas de imitação imediata do gesto. Em muitas ocasiões, no entanto, é claramente perceptível que o bebê entende o que se diz: reage ao som de seu nome, ou de "Cadê mamãe?" com orientação do olhar, estala os lábios quando é solicitado a mandar um beijo.

A imitação é um componente fundamental desses processos interacionais. Ao imitar, é como se a criança dissesse: "Estou com você, estamos conversando, e eu estou gostando disso..." Por sua vez, o parceiro recebe o recado e prolonga a imitação, imitando a criança... Na verdade, estudos cuidadosos de interação mãe-bebê mostram que, muitas vezes, é a mãe quem inicia a imitação; é ela (ou outro parceiro) que imita em primeiro lugar uma expressão ou movimento do bebê...

Pesquisadores franceses evidenciaram a importância dessa função comunicativa da imitação entre parceiros de idade no terceiro ano de vida: crianças brincando em uma sala onde há objetos ou brinquedos em duplicata tendem a pegar o mesmo objeto que veem o parceiro pegar, e a largá-lo quando o parceiro larga (mesmo que acidentalmente): não é o objeto, e sim a ação do parceiro que está interessando; com a imitação, a criança sinaliza esse interesse.

Seres humanos são imitadores precoces (já vimos no capítulo IV que recém-nascidos imitam expressões faciais). Além de imitar expressões, posturas e outros movimentos do corpo, os bebês imitam também vocalizações (como Lila na brincadeira do "trá-lá-lá"), com o adulto e com entonação semelhante, e sincronizam seus movimentos com o padrão rítmico da fala do parceiro, como se espelhassem os sons com o corpo.

O apontar

Uma coisa importante sobre o apontar é que esse é um gesto exclusivamente humano, o que parece sinalizar uma relação importante com outra coisa exclusivamente humana, que é a linguagem verbal. Nenhum outro primata, nem mesmo o chimpanzé, aprende a olhar na direção apontada ou a apontar. Mas há um animal que aprende a entender o apontar: o cão doméstico. Que mistério será esse? O cão doméstico é uma espécie que só existe porque existem seres humanos, que o domesticaram há muito tempo a partir de filhotes de lobos, e selecionaram raças com certas aptidões de interação com o homem. E veja que interessante: existe até uma raça de cães de caça, os *pointers* (apontadores ou, em português, perdigueiros), que se imobiliza e aponta com o corpo quando localiza a caça para que o dono vá atrás dela!

Chimpanzés criados com seres humanos, como parte da família, também podem aprender certas habilidades exclusivamente humanas, mesmo que seu desempenho continue a ser inferior ao de bebês: por exemplo, a imitação do modo particular de desempenhar uma ação, uma coisa de que vamos falar mais adiante.

Figura 43 – Cão apontando

Ao contrário do que se pensa popularmente, imitar não é coisa de macaco. Na verdade, seres humanos imitam mais e muito melhor do que os macacos: imitam não só a ação, mas o modo particular de agir, a sequência de movimentos ou de vocalizações. É o que se chama de imitação verdadeira, mais uma habilidade caracteristicamente humana que está por trás do processo de imersão na linguagem e na cultura.

3. Construindo a comunicação

Como vimos até aqui, a aquisição da linguagem começa bem antes das primeiras palavrinhas que a criança pronuncia. O início está no encontro da criança com parceiros de interação, em geral adultos, mas também parceiros de idade. Bruner estudou a aquisição da linguagem explorando situações de jogos e brincadeiras de mãe e filho, jogos construídos pela linguagem e que oferecem ocasiões para a exploração lúdica de palavras e o uso delas. Quem não se lembra da brincadeira de: "Carneirinho, carneirinho,

carneirinho, béééééééééé", ao mesmo tempo que o adulto tenta encostar testa na da criança, fazendo coincidir o "béééééééééééé" com o momento exato do testa a testa? E a brincadeira de: "Dedo mindinho, seu vizinho, pai de todos, fura-bolo e mata-piolho; cadê o bolinho daqui? O rato comeu!" A cada enunciado, um dedo da mão da criança é tocado e a pergunta sobre o bolinho é acompanhada de cócegas na palma da mão; já que o rato comeu o bolinho, a mãe dedilha o indicador e o dedo médio pelo braço da criança até alcançar sua axila, para culminar a brincadeira com cócegas; isso provoca, com frequência, uma reação de retração do braço e uma explosão de risos da criança. Observa-se que as palavras ou a sequência de palavras e ações são repetidas; há um ritmo; uma preparação de um ponto culminante e, portanto, expectativa de algo por vir e dominar. Essas brincadeiras têm propriedades semelhantes às da linguagem: a sequência e o uso dos elementos que os compõem seguem um roteiro negociado e negociável; brincadeiras têm regras, e uma "estrutura profunda": no esconde-esconde, por exemplo, a estrutura profunda é o aparecimento-desaparecimento; as regras são o que é usado para esconder (as mãos, um pano...), quanto tempo dura o esconder, as ações ou palavras utilizadas, os turnos.

Também quando interagem com parceiros de idade as crianças constroem comunicação e linguagem. Na verdade, mesmo quando já dominam pelo menos em parte a língua, suas brincadeiras muitas vezes recriam a comunicação com outros recursos, como se estivessem criando uma língua própria do grupo de brinquedo.

> Daniela e Luci (ambas de dois anos) estão em pé em um balanço de dois lugares, que é empurrado por Cristina, de um ano e nove meses, enquanto as duas meninas riem e dão gritinhos. Outra menina, Eliane, de dois anos, se junta a Cristina empurrando o balanço, que passa a subir mais alto. Quando as meninas param de balançar e se afastam, o movimento do balanço diminui e Daniela e Luci param de rir.
> Cristina volta com Rafael (de quase três anos), e começam a empurrar o balanço, que agora sobe ainda mais alto, e as risadas se tornam mais ruidosas. Cada vez que Rafael para de empurrar, diminuindo o movimento do balanço, as risadas param; e cada vez que ele recomeça, recomeçam as risadas e gritinhos.

Nessa brincadeira, Daniela e Luci dão um novo significado para as risadas: não apenas o prazer com a excitação de balançar, mas também a sinalização de que preferem os movimentos fortes do balanço. Com as risadas e gritinhos sincronizados com os movimentos mais fortes, elas comunicam essa escolha às outras crianças e regulam o comportamento destas. A risada se tornou um código idiossincrático, particular ao contexto e ao grupo.

Outro exemplo de criação de um código a partir de vocalizações pré-linguísticas é ilustrado neste episódio em que crianças de menos de dezoito meses atribuem um sentido contextual a uma vocalização arbitrária.

> Já há vários dias Guga (dez meses) vem emitindo uma vocalização peculiar, uma espécie de gorgolejo, quando olha para um objeto, se aproxima dele e/ou o manipula. Certo dia, Jef (dezessete meses) parece identificar um sentido nessa vocalização. Guga está sentado, mexendo em uma caixa e olhando para Jef e para outras partes da sala.
> Enquanto Jef está envolvido em uma disputa com Maya, puxando seu cabelo, Guga dá um gritinho e começa a gorgolejar, cada vez mais intensamente, manipulando a caixa. Jef volta-se para Guga, deixa Maya de lado e anda na direção de Guga, que está agora engatinhando e empurrando a caixa, sempre gorgolejando. Jef põe as mãos sobre a caixa e os dois meninos começam a puxar e tentar empurrar a caixa.

A sequência evidencia o poder de atração que os parceiros exercem sobre a criança e a atenção que prestam a suas ações. Sugere também uma coisa bastante significativa: que crianças dessa idade podem atribuir significados a ações com base em observações repetidas de associação dessas ações com outros eventos. O gorgolejo de Guga, nessa situação, é quase como uma palavra que significa determinada ação, situação ou parceiro e que pode ser compartilhada com outras crianças.

Em crianças um pouquinho mais velhas, a brincadeira simbólica (ou faz de conta) é um espaço muito rico para a construção da comunicação e a criação e exploração de significados de gestos, posturas e das próprias palavras. Veja esta sequência envolvendo crianças de cerca de dois anos e meio.

Telma (dois anos e meio) pega um pente no chão e penteia Alex, da mesma idade, enquanto ele brinca com um potinho. Pouco depois, Vivi pega o pente e penteia Alex, passa a mão no cabelo dele, aponta e diz:
 – *Qué bebêlo*.
Recomeça a pentear e diz:
 – Quieto, *Alessande*!
Em seguida se penteia, recomeça a pentear Alex, depois joga o pente no chão. Pouco depois Vivi, de pé, abre os braços, com as mãos voltadas para o chão, olha ao redor e diz:
 – *Num tem. Cadê? Cadê tebêlo, tia?*
Vai até Alex e pergunta:
 – *Alessande, cadê tebêlo?* – e afasta-se olhando para o chão.
Três meses depois, Vivi, andando pela sala, para junto à educadora e pergunta:
 – *Que-dê* pente, tia?
 – Pente? – pergunta a educadora. – Eu não tenho pente.
João, que as observa, diz à educadora:
 – O pente, tia?
Ela responde:
 – É.
João passa a mão na cabeça e fala:
 – Pra pentear?

Quando Vivi diz: *"Qué bebêlo"*, parece estar como que confirmando que Alex quer que ela penteie seu cabelo, ou seja, a ação que está em andamento. Esse sentido reaparece quando seus movimentos e postura mostram que ela passou a procurar o *"tebêlo"*, que agora significa pente. Isso se confirma quando, três meses depois, as palavras "pente" e "pentear" já aparecem na fala das crianças, sempre confirmadas por gestos: João passa a mão na cabeça ao dizer: "Pra pentear?"

O apoio de gestos, posturas e ações na exploração das palavras ocorre mesmo entre crianças que já dominam a linguagem, como no episódio seguinte.

> Uma roda de conversa entre crianças de três a quatro anos e a educadora, que está procurando promover uma experiência significativa de linguagem. Para isso, ela trouxe um macaquinho de pelúcia e pergunta às crianças:
> – Quem sabe o que é que macaco gosta de comer?
> Gelma fecha a mão e a posiciona à sua frente como se segurasse uma banana e responde:
> – Banana.
> Cora abre e fecha as mãos perto da boca como se estivesse comendo algo. Line responde:
> – Cachorro-quente.
> Educadora: – É? Você acha que é cachorro-quente? Já viu macaco comendo cachorro-quente?! Ele gosta de comer banana! [...] Faz de conta que tá todo mundo com a banana aí na mão.
> Segura a banana:
> – Bora! Cadê a banana de vocês? Cadê?
> As crianças aceitam a proposta e passam a representar a situação, esmerando-se em seus movimentos de "macaco comendo banana". Line, de pé no centro do círculo, olha para cima e começa a movimentar os braços como se tirasse a banana da bananeira (puxando alguma coisa mais do alto). De repente, olha para o chão, se abaixa e finge pegar a banana do chão, leva-a à boca e começa a mastigar.
> Educadora: – Como é que a gente vai comer a banana?

> Mark, Gelma e Everson começam a dar mordidas perto da mão "que segura a banana" e em seguida fingem mastigar. A educadora, olhando para Mark, faz cara de espanto e diz:
> – Você vai comer com casca e tudo?
> Mark, sorrindo, responde:
> – Não, assim.
> Ele usa a outra mão e simula que está descascando a banana.
> Educadora: – Ah, então vamos tirar a casca. Tire a casca!
> Nesse momento, Line observa a educadora. Depois, novamente se abaixa e finge pegar algo do chão. Dessa vez, realiza movimentos de "descascar a banana", assim como fazem a educadora e os colegas.

Nesse episódio, fala e movimentos complementam-se para traduzir uma ideia que se desenrola em uma brincadeira proposta. O corpo é um suporte para a construção e expressão do pensamento da criança. Mesmo nessa idade em que ela já usa a linguagem de maneira regular, o suporte corporal ainda se faz necessário em várias ocasiões. Ela representa uma situação de estar comendo algo e por causa do contexto, circunscrito pela pergunta da educadora, o ato de comer é interpretado como se fosse "comer uma banana". A fala emerge em um cenário que se apoia no corpo e no movimento.

4. Começa devagar, de repente explode!

As primeiras vocalizações que se aproximam de palavras da língua e funcionam como palavras costumam ser fragmentárias e até difíceis de compreender – o que torna ainda mais importante o apoio de gestos e movimentos para que a comunicação ocorra.

Já vimos um exemplo no episódio do pente. O episódio seguinte, com crianças um pouco menores, ilustra essa articulação entre componentes expressivos (posturas, gestos e entonações) e componentes linguísticos (no caso, três verbalizações muito simples), possibilitando a comunicação.

> Sílvia (dezesseis meses) está brigando com Alex (29 meses). Os dois se batem, se empurram e se derrubam no chão, enquanto outras crianças olham. Sílvia chora. Vivi (26 meses) olha para ela e pergunta:
> – Foi? É?
> Olha para Alex, aproxima-se e pergunta de novo, olhando para Sílvia:
> – É?
> Sílvia para de chorar. Vivi bate em Alex e volta para o lugar onde estava antes. Sílvia volta a chorar. Vivi olha para ela, aponta para Alex e pergunta:
> – Ele?
> Sílvia acena afirmativamente com a cabeça e repete:
> – Ele! Ele!
> Vivi se aproxima de Alex, bate mais uma vez nele e volta para o seu lugar. Vivi para de chorar e as crianças se dispersam.

Esse caminho, que começa a ser percorrido devagar, ao longo de todo o primeiro ano de vida, por volta do final desse e do início do segundo ano (ou mais tarde, dependendo da criança) explode de repente (mais uma vez como que por mágica) no que os linguistas chamam de explosão léxica, ou explosão de palavras. A cada dia parece que a criança aprendeu mais palavras, e mais e mais. Mas não são só palavras: de repente está usando pronomes, conjugando verbos e adequando as declinações verbais aos sujeitos das frases, usando adjetivos e advérbios... Essa mágica ocorre tipicamente na aquisição da primeira língua (ou de mais de uma língua materna, em crianças criadas com dois idiomas). Que pena que a mágica não funcione de novo quando, mais tarde, queremos aprender uma segunda língua! A aprendizagem da segunda ou de mais línguas já é um processo diferente, que é perpassado pela língua materna e circunscrito por ela.

Para finalizar a nossa caminhada por esse percurso, é importante lembrar que não há um momento em que a língua está totalmente dominada: ela continua sendo experimentada, modificada, inventada, ao longo de toda a vida – como, por exemplo, nas gírias que caracterizam turmas de adolescentes ou de adeptos de certos estilos musicais, no vocabulário particular de cada área do conhecimento, e assim por diante. Para ilustrar esse ponto, recorremos de novo às crianças, agora já falantes: em sua busca de compreensão do significado das palavras e do sentido do mundo que as cerca, elas dizem cada coisa!

Nina conta que seu irmãozinho demorou um pouco a entender o sentido de hoje, ontem, amanhã etc. Às vezes ele perguntava:
– Hoje já é amanhã?
Ele mesmo descobriu um jeito de resolver o problema: quando lhe diziam que iam passear depois de amanhã, por exemplo, ele perguntava:
– Quantas vezes tenho que dormir até o passeio?
– Duas vezes – ela respondia.
No dia seguinte ele perguntava:
– Agora só falta uma vez, não é?
E sempre acertava a contagem regressiva...

****

Luís (três anos) foi pela primeira vez a uma praia no Pará, onde a areia era grossa e áspera. Com sua pequena boia, foi deslizando pela beira da água. De repente, abriu um berreiro:
– A areia me mordeu!
João, quando foi à praia pela primeira vez, ao ver as ondas, se espantou:
– Olha só a água dando cambalhota!

****

A barriga de Guto ronca, e a mamãe pergunta:
– Que barulho é esse?
Guto: – É o barulho da minha barriga roncando...
Mãe: – E por que será que ela está roncando?
Guto: – Porque ela já *tá* dormindo...

****

Lucas (dois anos e meio) está em uma reunião de família na casa de uma das tias de seu pai e encontra pela primeira vez vários parentes que não conhecia. A certa altura, ele se aproxima de seu pai e de sua avó, que estão conversando com um senhor grisalho. Ele observa um pouco, depois se volta para a avó:
– Vovó, esse não é vovô?! – ele pergunta em um tom entre interrogativo e afirmativo.
Vovó: – Não, esse é o tio Gui.
Lucas se volta para o tio:
– Você é o tio Gui?
Tio Gui entra na brincadeira e responde, sério:
– Eu sou. E você, quem é?
– Eu sou Lucas.
– Muito prazer – diz o tio, e estende a mão para Lucas.
Lucas hesita um instante, estende a mão e os dois se cumprimentam, muito sérios.

****

Agora Lucas tem sete anos, e vovó está de visita em sua casa. Depois de brincarem um pouco e tomarem um lanche, vovó pergunta:
– Quer me ajudar a arrumar seus brinquedos?
– Ao seu dispor... – diz Lucas, para surpresa da vovó.
E, depois de alguns segundos:
– Vovó, o que é dispor?

Refletindo sobre a unicidade da linguagem humana, Jerome Bruner se pergunta: por que é que usamos a linguagem? E responde que, a seu ver, é a necessidade de utilizar a cultura como forma de vida que força o homem à linguagem. A linguagem é o meio para interpretar e regular a cultura, processos que se iniciam desde o nascimento. A linguagem equipa a criança para tomar parte no cenário da cultura e participar dela desde sua chegada ao mundo.

Capítulo IX

Refletindo sobre o que aprendemos

Refletindo sobre o que aprendemos

*No início da década de 1970, um casal de pesquisadores ingleses, os Newson, publicou um trabalho muito interessante, mostrando como as práticas de educação em países anglo-saxões se transformaram ao longo dos séculos XVIII e XIX, acompanhando as transformações da sociedade industrial. Um primeiro ponto de interesse nesse artigo é o fato de ser muito recente – do início do século XX – a noção de que a educação de crianças em geral (e não apenas de rapazes das classes "superiores") deveria ser objeto de preocupação. Até então, a sobrevivência física era a preocupação central quanto à criação de crianças para a grande maioria dos pais. A questão não era: "Como vou criar meu filho?", e sim "Será que vou criá-lo?" A mortalidade infantil em meados do século XVIII em países como a Inglaterra é estimada em 75%! E, se esse quadro mudou nos países desenvolvidos, a sobrevivência física da criança continua sendo a questão central para milhares de pais e mães nas áreas menos desenvolvidas do mundo.
Portanto, a preocupação com o "como criar", no sentido de ajustamento psicológico e social, não só é recente como é típica de sociedades tecnicamente sofisticadas.*

Se esse processo de mudança, tal como descrito pelos Newson nesses países, for analisado em três fases, começando por aquela em que a mortalidade infantil é tão alta que não há espaço para a preocupação com educação e chegando ao momento em que essa preocupação já está instalada, é possível identificar entre as duas uma fase de transição, em que o progresso da medicina passou a reduzir as taxas de mortalidade. Segundo os Newson, a essas fases correspondem três diferentes sistemas de valores presidindo as práticas de educação. Evidentemente, essas fases não são estanques, mas se sobrepõem, encontrando-se práticas de períodos anteriores em fases posteriores e vice-versa.

Na primeira fase, prevalecia uma moralidade religiosa, em que criar bem uma criança significava garantir a salvação de sua alma – o que parece bem lógico, já que ela poderia morrer a qualquer momento! É a fase em que se recomendava uma educação severa, que dobrasse a vontade da criança, dominasse sua teimosia e a tornasse submissa, piedosa e bem comportada para que ela ganhasse o céu. Por acaso você leu *Tom Sawyer* ou *As aventuras de Huck*, de Mark Twain? É sobre aquele modo de os adultos pensarem e agirem que estamos falando (e que, é claro, não impedia as crianças de aprontarem tanto como qualquer criança que conhecemos ou até mais).

Na fase de transição, o sucesso da medicina em reduzir as taxas de mortalidade infantil deu aos médicos uma nova autoridade e a medicina passou a legislar também sobre educação (aliás, ainda hoje uma prática corrente nos meios pediátricos, como toda mãe sabe). Na sua forma clássica, essa "moralidade médica" recomendava basicamente regularidade de hábitos e sobriedade emocional no trato com crianças: acordar o bebê para mamar na hora certa, não o excitar, tratá-lo com objetividade e firmeza bondosa. Nunca o paparicar, nada de colo ou de beijos (que perigo, o bebê podia ser contaminado!). Nesta concepção, um treinamento desse tipo desde o primeiro ano de vida seria o fundamento do controle moral e de um bom ajustamento na vida adulta.

É interessante notar que esse tipo de orientação sempre atinge em primeiro lugar as camadas mais educadas da população: são elas que têm mais acesso aos sistemas de valores decorrentes de avanços nos conhecimentos científicos ou do conhecimento em geral, e é partir delas que ocorre eventualmente sua divulgação e adoção por outros grupos sociais. Veja o que disse uma das mães entrevistadas por esses pesquisadores (Newson; Newson, 1974):

> *O bebê berrava e as lágrimas escorriam pelo rosto da gente, enquanto o leite esguichava pela blusa. Mas a gente nunca devia pegar o bebê antes da hora. Era praticamente incestuoso desfrutar o seu bebê, se divertir com ele. As mulheres de classe operária embalavam no colo seus bebês, como todas as mulheres tinham feito há milhares de anos. Mas nós, mulheres educadas dos anos 30, chorávamos enquanto nossos bebês ficavam azuis de frio no berço.*

No processo que levou à prevalência desse tipo de orientação, podemos identificar outro fato interessante: a competência para cuidar de crianças foi sendo retirada dos leigos e das mães e monopolizada por profissionais. Por exemplo, com o advento da obstetrícia, o parto deixou de ser da competência das mães e de seu ambiente social imediato (as futuras avós, as amigas e vizinhas) e passou a ser atribuição de médicos; só recentemente as mulheres – pelo menos das classes mais favorecidas – estão recuperando o direito de dar palpites a respeito do próprio parto: quero ou não cesariana, quero ou não anestesia, que tipo de anestesia, parto de cócoras ou na água etc.

O psicólogo surge como especialista no terceiro momento do processo que descrevemos antes, quando a redução da mortalidade infantil já tinha criado espaço para a preocupação com o "como educar". O conteúdo específico da "moralidade psicológica" que preside às práticas de criação desde essa época tem variado com o estado da arte na Psicologia e a tônica decorrente de cada período de seu desenvolvimento. Apenas a título de exemplo, anos atrás a Psicologia ensinou às mães que o choro do bebezinho que fosse motivado apenas por desejo de atenção devia ser ignorado para ser extinto (com base, evidentemente, na crença de que a atenção de outro ser humano não fosse uma necessidade humana básica e que portanto esse choro era "manha"!). Descobriu-se depois que essa tentativa de extinção do choro, que é a forma mais eficiente de comunicação de que o bebê dispõe, na maioria dos casos fracassa e ensina um choro mais intenso; nos casos restantes, ensina uma atitude de desamparo: o que o bebê aprende é que ele é impotente para controlar seu ambiente.

Práticas sociais refletem o estado de conhecimento de uma área, e este por sua vez é afetado por condições sociais e concepções mais gerais que caracterizam uma sociedade ou uma cultura, como ilustra a análise dos Newson. A leitura de pesquisas do campo da Antropologia, Sociologia da Infância e

Linguística amplia nosso olhar para a diversidade de concepções e práticas sobre desenvolvimento e Educação Infantil. Tanto o conhecimento quanto as práticas que decorrem dele são, portanto, construções sócio-históricas, em constante transformação. Inovações em modos de pensar em geral ocorrem gradualmente: muitas vezes são rejeitadas ou causam polêmica; podem ser esquecidas ou relegadas durante um período e renascer mais adiante; outras vezes são assimiladas de forma superficial ou imatura, e acabam perdendo seu impacto potencial. A construção do conhecimento teórico ou aplicado, como todas as relações e realizações humanas, é um processo coletivo. Daí a importância de manter uma atitude crítica e cuidadosa na aplicação do conhecimento, de conservar a sensibilidade e a mente aberta, para avaliá-lo por meio das próprias experiências e para participar produtivamente desse processo de construção.

Mantendo isso em mente, podemos refletir sobre o que aprendemos nos capítulos anteriores em termos de suas implicações para nossa concepção sobre o ser humano, e especialmente sobre a criança pequena, e de como esta se reflete em nossas interações e relações com a criança nos mais diversos papéis: pais, educadores, profissionais da saúde, formuladores de políticas, ou simplesmente como cidadãos parceiros na construção de nosso tempo.

A perspectiva teórica que orientou este livro vem sendo construída há algum tempo, com base na contribuição de diversas correntes de pesquisa e de reflexão na Psicologia e na Educação. Ela se baseia em um conjunto coerente de noções em relação às quais tende a haver consenso:

- A compreensão do desenvolvimento como um processo de construção conjunta, que se dá nas trocas sociais em um ambiente histórica e socialmente situado, e no qual os parceiros se constituem reciprocamente: por exemplo, a mãe é ativa na constituição da criança e na sua própria como mãe e como pessoa, e o mesmo vale para a criança, que também constitui a si mesma e à mãe.
- Para que isso seja possível, é preciso conceber e reconhecer a criança como um agente ativo de sua vida e de seu processo de desenvolvimento, dotado das competências e motivações necessárias para sua interação com o meio em cada estágio da vida. Mais uma vez, o mesmo vale para o ser humano em qualquer idade (o que pode parecer mais óbvio, mas nem sempre é praticado: em muitas interações e relações um parceiro desqualifica o outro; assim funcionam muitas relações hierárquicas ou que se baseiam em autoridade unilateral).
- O desenvolvimento não é um processo orientado para um fim delimitado ou predefinido, que, quando alcançado, sinalizaria seu término. É um processo que ocorre durante toda a vida, com características, funções e objetivos próprios e diferenciados em suas várias fases. Uma criança vai, sim, tornar-se um adulto; mas analisar seu desenvolvimento não é apenas verificar de que forma esse processo conduz ao adulto futuro (o que seria no mínimo muito simplista: não há caminhos únicos ou prefixados para desenvolver-se). É, principalmente, compreender a criança

como criança, suas necessidades e seus processos psicológicos, que podem ser relevantes ou funcionais nesse momento e tornar-se irrelevantes, secundários ou até não funcionais mais adiante: o desenvolvimento não é um processo linear.

Partindo dessas noções, e dos conhecimentos produzidos com base nelas sobre os vários temas focalizados nos capítulos anteriores, podem ser lembrados alguns exemplos de implicações potencialmente interessantes.

1. Da maternidade à escola: algumas questões sob o ângulo da saúde

Amamentar é importante? Por quanto tempo? O contato do bebê recém-nascido com o corpo da mãe imediatamente após o parto tem alguma relação com o desenvolvimento do apego? Que diferença faz o recém-nascido ficar com a mãe no quarto (alojamento conjunto) ou ser separado dela para ir para um berçário e só ser trazido para visitá-la para as mamadas? Um bebê de risco, prematuro ou com qualquer problema que implique permanência mais prolongada na maternidade deve ou não ter a companhia da mãe ou pelo menos visitas frequentes? Há algum benefício em oferecer estimulação tátil, sonora ou de outros tipos a bebês que precisam permanecer em incubadora? Justifica-se utilizar analgesia para procedimentos de rotina ou especiais que impliquem dor para o recém-nascido?

Essas são algumas das questões sobre práticas relacionadas à saúde que podem ser formuladas a partir da perspectiva deste livro e do que hoje sabemos a respeito de bebês. Para algumas delas, já há sugestões de resposta. Essas sugestões não significam que outras formas ou experiências de criação sejam necessariamente prejudiciais à criança (como vimos, seres humanos são flexíveis e se ajustam a muitas variações históricas e culturais). Por exemplo, hoje em dia, é praticamente consensual que a amamentação pelo menos nos primeiros seis meses é altamente relevante para a saúde física, o estado nutricional e a imunização do bebê; ela é relevante também, como já vimos, por propiciar situações interacionais que potencializam as adaptações do nenê para a troca social e a construção de relações. Há indicações de que o contato entre a mãe e o bebê imediatamente após o parto sensibiliza os dois para o estabelecimento inicial da relação: por exemplo, parturientes que vão dar o filho para adoção evitam esse contato, pois ele torna mais difícil a decisão de abrir mão da criança. No entanto, crianças que, por algum motivo, não são amamentadas ou não têm contato com a mãe logo depois do parto também podem se desenvolver sem nenhum prejuízo.

Para diversas outras questões, as respostas ainda estão sendo exploradas com mais pesquisas; o importante, sob esse ângulo, é que as perguntas tenham sido formuladas e alertem para a necessidade de questionar e avaliar continuamente as práticas correntes.

Há questões interessantes também quanto à relação entre saúde e frequência à creche ou berçário. Muitos pediatras são contra a frequência a creches ou berçários nos primeiros anos de vida, porque são situações propícias ao contágio de doenças para as quais a criança ainda não está suficientemente imunizada. O argumento pode ser discutido pelo menos sob dois aspectos: o custo-benefício que a frequência à creche representa para a criança e para a mãe (por exemplo, como alternativa para a mãe que trabalha ou como espaço de desenvolvimento para as próprias crianças); ou, sob outro ângulo, ainda não suficientemente pesquisado, pela possibilidade de imunização mais precoce decorrente da exposição ao contágio de doenças que, de qualquer forma, poderiam vir a ocorrer mais adiante.

2. Apego e vida familiar

Como vimos no capítulo V, a relação de apego também é um processo: ela passa por fases, transforma-se ao longo dos primeiros anos, em um jogo dinâmico com a necessidade de explorar o mundo e de se diferenciar como pessoa. Muitos pais se aborrecem e se preocupam com a fase do "estranhamento": parece que a criança, quando reage ao afastamento da mãe ou à aproximação de um estranho, está deixando de ser sociável ("não sei o que está acontecendo", diz a mãe, tentando desculpar-se. "Ela sempre foi tão dada!"), ou está se tornando medrosa e manhosa; ou então que a criança "só se comporta bem" longe da mãe: fica quietinha, não explora o ambiente, não "faz artes" (porque, como já vimos, longe da mãe ela se sente insegura). Depois podem vir as fases dos medos que antes não existiam, como o medo de água, que indicam que a criança está percebendo os riscos envolvidos em suas ações; ou da oposição sistemática, a "teimosia dos dois anos", quando o esforço de individuação e diferenciação aparece sob a forma do "não" (que a criança aprende a dizer bem antes do "sim").

Cada uma dessas transformações é parte do processo de desenvolvimento, que envolve ganhos e também perdas em cada uma de suas fases: por exemplo, ao aprender a falar, reduz-se a receptividade da criança a outra língua, porque sua percepção e sua emissão de fonemas se especializam naqueles próprios da sua língua materna; isso não quer dizer que ela não poderá aprender outra língua mais tarde; apenas o processo de aprendizagem será outro. Será que significa então que é melhor matricular a criança em uma escola de Inglês, por exemplo, desde os três meses, para que ela aprenda precocemente e se desenvolva "mais"? Pode até ser que ela ganhe um domínio melhor e mais precoce da outra língua, mas é preciso lembrar que com isso provavelmente estará perdendo outras coisas, por exemplo, a enorme riqueza de aquisições e aprendizagens que ela constrói em suas brincadeiras livres com outras crianças e com adultos significativos: a ganhos sempre correspondem também perdas.

Por outro lado, os parceiros sociais, adultos e outras crianças – irmãos, coleguinhas, amigos – também se transformam com a criança em diversas direções, também ganhando e perdendo (muitas vezes, perdendo até a paciência!); todas essas transformações se refletem nos processos interacionais que constituem continuamente esse meio social em seus vários níveis (componentes individuais, campos interativos, cenários e matriz sócio-histórica). É a complexidade dessas interações que faz que o desenvolvimento individual seja um processo amplamente indeterminado e imprevisível: podemos prever direções gerais do processo, resultados mais ou menos prováveis, mas é impossível prever com precisão o que cada ser humano individual é ou será em cada momento de sua vida.

3. Apego e práticas coletivas de cuidado e educação

Um exemplo interessante dessa complexidade é a questão da creche. As transformações sociais e econômicas na segunda metade do século XX – principalmente o ingresso maciço da mulher no mercado de trabalho e a tendência à nuclearização das famílias nos centros urbanos (isto é, a família composta de pai e/ou mãe e filhos, com pouco apoio ou acesso à família extensa, avós, tios etc.) tornaram a creche uma necessidade e uma solução para as mães que trabalham. Nas camadas sociais privilegiadas, ainda havia (e há) o recurso à babá que cuida da criança em casa, uma prática amplamente adotada até poucos anos atrás; assim, a creche atendia originalmente as famílias carentes, o que lhe deu o estigma de um serviço assistencial e de baixa qualidade, um último recurso para quem não tivesse alternativa. Atualmente essa concepção se transformou: a creche passou a ser concebida principalmente como um espaço de interação, de aprendizagens ricas e de desenvolvimento, tão bom quanto a família, embora diferente dela e com funções complementares; isso se reflete na opção crescente pela creche em camadas sociais privilegiadas – o que, por sua vez, repercute na construção dessa nova concepção de creche.

No entanto, como vimos no início deste capítulo, essas transformações não são rápidas nem lineares. Muitas famílias se sentem inseguras e conflitadas diante da opção de colocar os filhos na creche. As dúvidas pessoais podem ser aumentadas ou reduzidas pelas configurações da própria família (por exemplo, a avó que é contra, a tia que é a favor) e do grupo social imediato (a amiga cujo bebê se adaptou muito bem à creche; a outra que teve uma experiência ruim e decidiu esperar até a criança fazer três anos; o pediatra que é contra ou a favor, e assim por diante). Por sua vez, esses conflitos se expressam na interação dos pais com a criança e com a creche quando se decidem pelo ingresso: relutância em deixar o bebê (ou a criança "maiorzinha") na creche, dúvidas quanto à capacidade das educadoras, medo de que outras crianças machuquem o filho; ou, ao contrário, confiança em sua decisão e na qualidade da creche, valorização do fato de que a creche amplia o mundo social da criança e lhe permite interagir com novos parceiros. Evidentemente, a criança toma parte nesse jogo complexo de interações e relações e isso de alguma forma se reflete em seu processo de adaptação à creche.

Como em qualquer outra situação relacionada ao desenvolvimento, a opção pela creche representa ganhos e perdas, que variam de acordo com as fases da criança. Por exemplo, lembrando a curva de desenvolvimento do apego: no primeiro semestre de vida, a criança apresenta pouca reação à separação e a estranhos; se entra na creche nesta fase, provavelmente não vai reagir com intensidade aos momentos de separação e de reencontro com a mãe. Se a creche oferece condições favoráveis (por exemplo, figuras adultas estáveis e disponíveis), o bebê vai desenvolver apegos também com essas figuras, paralelamente ao desenvolvimento do apego com a figura primária. Por outro lado, se entra na creche no período em que as reações de apego estão mais intensas (a partir dos sete ou oito meses até pouco mais de dois anos), provavelmente haverá reações fortes à separação e maior dificuldade de adaptação; esse processo pode ser facilitado, por exemplo, se a mãe permanecer com a criança na creche nos primeiros dias, permitindo que ela explore o novo ambiente e se familiarize com ele. Mais adiante, lá pelos três anos, a criança já está mais independente da mãe e muito interessada em outras crianças, já sabe falar e pode interagir mais facilmente com novos parceiros; portanto o processo de adaptação será diferente do das duas fases anteriores. Isso, porém, não é uma regra. Com certa frequência, crianças mais velhas sentem-se inseguras nesse período inicial e necessitam do apoio de alguém familiar. Além disso, um período de adaptação bem planejado e trabalhado ajuda não apenas a criança, mas também a mãe ou o familiar a se familiarizarem com a creche.

Em qualquer desses casos, há alguns ganhos e algumas perdas. Por exemplo, a criança criada na família até os três, quatro anos, tende a ser mais precoce em algumas habilidades que refletem a interação mais intensiva com adultos, como aquisição de linguagem; por outro lado, a criança que frequenta a creche desde cedo e tem mais oportunidade de interagir com outras crianças desenvolve mais certas habilidades sociais, como assertividade, capacidade de negociação, ação cooperativa etc. As duas experiências podem constituir crianças "normais" e ajustadas, embora por meio de caminhos e de ritmos diferentes. A opção pela creche e a idade em que a família decide fazê-la são função de muitos outros fatores, desde as condições de trabalho e de vida da família, até o próprio fato de que a creche seja mais ou menos aceita como uma boa opção, ou seja, mais ou menos utilizada, no ambiente social relevante para essa família.

Além dos aspectos relativos à família, a creche envolve também, e de forma muito importante, os educadores, suas concepções e sentimentos em relação à criança, à família e à própria creche, com reflexos em sua interação e relações com as crianças, com a família e entre elas mesmas. Por exemplo, há educadores que acham que colocar a criança na creche é uma forma de a mãe se livrar da tarefa de educar; ou que acham que a mãe é incompetente, e que o educador é quem sabe o que é melhor para a criança; ou ainda que se ressentem por sentirem falta de confiança das mães em seu trabalho ou em sua relação com a criança. Há aqueles que realmente percebem a criança como agente do próprio desenvolvimento e lhe dão mais espaço e autonomia de ações; e há os que, mesmo que assumam o discurso da criança como agente, na verdade não conseguem percebê-la assim e tendem a interagir de uma forma mais diretiva. Também há aqueles que concebem brincar e aprender como coisas distintas, e sentem a necessidade de tornar o brincar uma experiência de aprendizagem, intervindo continuamente com suas propostas e orientações; ou ainda que separam os espaços e momentos do brincar e do aprender na própria organização da rotina da criança. E assim por diante.

Essas várias concepções estão continuamente em interação e muitas vezes em conflito entre si e com a experiência vivida pelos educadores na própria interação com a criança, que também contribui para que sejam questionadas ou confirmadas, mais uma vez em um processo de transformação que em geral é gradual e que envolve todos os participantes dessa rede de relações. Por outro lado, essas diferentes concepções se espelham em modelos diferentes de creches, que podem ser mais ou menos compatíveis com as concepções dos usuários (os pais que a escolhem ou decidem utilizá-la) e com as necessidades e características das crianças em cada fase de seu desenvolvimento, tal como interpretadas pelo conhecimento teórico prevalente em cada momento e em cada cultura (por exemplo, a concepção que orienta este livro e os conhecimentos dela decorrentes).

Isso não quer dizer que qualquer modelo de creche seja igualmente satisfatório ou conveniente como espaço de desenvolvimento. Por exemplo, de acordo com os conhecimentos e ideias apresentados aqui, a creche deve ser um ambiente seguro e acolhedor do ponto de vista afetivo, com espaços estruturados de forma a propiciar a interação de crianças e a brincadeira, com equipamentos e materiais que enriqueçam essas experiências de interação, e principalmente com reconhecimento e respeito pelas competências e motivações e necessidades características de cada fase (além, é claro, de atender adequadamente às necessidades de alimentação, higiene, ritmos de atividade e repouso da criança). Mas não há uma maneira única e estereotipada de oferecer esse tipo de ambiente ou de se aproximar desse modelo. Por exemplo, há creches que são carentes em recursos materiais, têm poucos brinquedos, mas oferecem à criança a possibilidade de brincar, espaço e um ambiente afetivo acolhedor e respeitoso. Por outro lado, por mais recursos materiais que uma creche tenha, ela pode se afastar desse modelo adotando rotinas excessivamente rígidas, limitando a liberdade de escolha de atividades pelas crianças, desencorajando ou controlando as interações das crianças etc.

4. Concluindo

Apresentamos neste livro um conjunto de conhecimentos que integram as concepções atualmente mais representativas sobre a criança e o desenvolvimento nos primeiros anos de vida; e refletimos sobre algumas implicações desse modo de pensar em situações cotidianas da vida da criança em nossa sociedade atual. Como já dissemos repetidamente, esse modo de pensar e esses conhecimentos não são estáticos ou definitivos; estão sempre em transformação, e os agentes dessa transformação não são apenas os pesquisadores ou os especialistas. Cada pessoa que interage com eles e por meio deles nas situações em que eles se aplicam e se manifestam é um participante potencial desse processo de transformação a partir de suas ações e avaliações sobre essa interação. É isso que significa dizer que o conhecimento, como o desenvolvimento e qualquer outro aspecto da vida humana, é uma construção coletiva.

Fontes e sugestões

Fontes e Sugestões

As autoras deste livro possuem formação e experiências diferenciadas, para as quais contribuíram inúmeros autores e interações acadêmicas. A lista de referências que se segue não pode, portanto, ser exaustiva. Pretende-se apenas salientar alguns dos autores cuja obra está mais refletida na concepção sobre infância e desenvolvimento que subjaz a este livro. Além disso, dá-se crédito a trabalhos específicos de pesquisa que foram referidos de alguma forma no texto, mesmo quando não foram citados nominalmente. Por esses motivos, preferimos o título "Fontes" ao título mais acadêmico, "Referências bibliográficas".

São incluídas também algumas sugestões de leitura e material audiovisual que podem complementar ou expandir os temas apresentados aqui, a depender dos interesses de cada leitor e da forma de utilização do livro.

Quando não foram extraídos da literatura, os episódios descritos no texto pertencem aos bancos de dados do Centro de Investigações sobre Desenvolvimento Humano e Educação Infantil (Cindedi/FFCLRP-USP) e do Laboratório de Interação Social Humana (LabInt/UFPE). As ilustrações que acompanham os episódios foram criadas com base em vídeos e fotos que integram esses bancos de dados.

Fontes

AMORIM, K. S. *Linguagem, comunicação e significação em bebês*. 2012. 215 f. Tese (Livre-docência em Psicologia). Faculdade de Filosofia, Ciências e Letras da Universidade de São Paulo/Ribeirão Preto, Ribeirão Preto, 2012.

_____; ANJOS, A. M.; ROSSETTI-FERREIRA, M. C. Processos interativos de bebês em creche. *Psicologia: Reflexão e Crítica*, Rio Grande do Sul, v. 25, n. 2, 2012. (No prelo).

BERGAMASCO, N. H. P.; BERALDO, K. E. A. Facial expression of neonate infants in response to gustatory stimuli. *Brazilian Journal of Medical and Biological Research*, Ribeirão Preto, v. 23, p. 245-9, 1990.

BISILLIAT, M.; VIILAS-BÔAS, O. *Xingu:* território tribal. São Paulo: Editora da Cultura, 1991.

BOWLBY, J. *Apego*. São Paulo: Martins Fontes, 2002.

BRONFENBRENNER, U. *A ecologia do desenvolvimento humano*. Porto Alegre: Artmed, 1996.

BRUNER, J. *Como as crianças aprendem a falar*. Lisboa: Instituto Piaget, 2007.

_____. From communication to language: a psychological perspective. *Cognition*, São Paulo, v. 3, n. 3, p. 255-87, 1975.

BULLOWA, M. *Before speech*: the beginning of interpersonal communication. Cambridge, Mass.: Cambridge University Press, 1979.

BUSSAB, V. S. R. Comportamento humano: origens evolutivas. In: ADES, C. (Org.). *Etologia:* de animais e de homens. São Paulo: Edicon/Edusp, 1989. p. 173-88.

_____; PEDROSA, M. I.; CARVALHO, A. M. A. Encontros com o outro: empatia e intersubjetividade no primeiro ano de vida. *Psicologia USP*, São Paulo, v. 18, n. 2, p. 99--133, 2007.

BUSSAB, V. S. R.; RIBEIRO, F. L. Biologicamente cultural. In: SOUZA, L.; FREITAS, M. F. Q.; RODRIGUES, M. M. P. (Orgs.). *Psicologia:* reflexões (im)pertinentes. São Paulo: Casa do Psicólogo, 1998. p. 175-93.

CAMPOS-CARVALHO, M. I.; BONAGAMBA-RUBIANO, M. Organização do espaço em instituições pré-escolares. In: OLIVEIRA, Z. M. R. de (Org.). *Educação infantil*: muitos olhares. São Paulo: Cortez, 1994. p. 116-42.

CARTER, C. S. et al. *Attachment and bonding:* a new synthesis. Cambridge, Mass: MIT Press, 2003.

CARVALHO, A. M. A.; BERALDO, K. E. A. Interação criança-criança: o ressurgimento de uma área de pesquisa e suas perspectivas. *Cadernos de Pesquisa,* São Paulo, v. 71, p. 55-61, 1989.

_____; PEDROSA, M. I. Cultura no grupo de brinquedo. *Estudos de Psicologia,* Natal, v. 7, n. 1, p. 181-8, 2002.

_____. Precursores filogenéticos e ontogenéticos da linguagem: reflexões preliminares. *Revista de Ciências Humanas,* Florianópolis, v. 34, p. 219-52, 2003.

CARVALHO, A. M. A.; RUBIANO, M. R. B. Vínculo e compartilhamento no grupo de brinquedo. In: ROSSETTI-FERREIRA, M. C. et al. (Orgs.). *Rede de significações e o estudo do desenvolvimento humano.* Porto Alegre: Artmed, 2004. p. 171-97.

CARVALHO, A. M. A.; SMITH, P. K. Playfighting, playchasing and affiliation in 5 year old children: a contribution to the discussion of functional implications of play behaviour. *Biotemas,* Santa Catarina, v. 9, n. 1, p. 19-37, 1996.

CHOMSKY, N. *Knowledge of language.* Nova York: Praeger, 1986.

COSTA, C. A. *Significações em relações de bebês com seus pares de idade.* 2012. Dissertação (Mestrado em Psicologia). Faculdade de Filosofia, Ciências e Letras da Universidade de São Paulo/Ribeirão Preto, Ribeirão Preto, 2012.

DARWIN, C. *The origin of species.* Chicago: Encyclopaedia Britannica, Inc., 1952. v. 49. (Great Books of the Western World).

ERIKSON, E. *Juventude, identidade e crise.* Rio de Janeiro: Guanabara, 1987.

FOGEL, A. *Developing through relationships*: origins of communication, self and culture. Hertfordshire: Harvester Wheatsheaf, 1993.

GOSSO, Y.; OTTA, E. Em uma aldeia Parakanã. In: CARVALHO, A. M. A. *et al.* (Orgs.). *Brincadeira e cultura.* São Paulo: Casa do Psicólogo, 2003. p. 33-76.

HARLOW, H. The nature of love. *American Psychologist,* Washington DC, v. 13, p. 573-685, 1958.

HAWKING, S. W. *Uma breve história do tempo*: do Big Bang aos buracos negros. Rio de Janeiro: Rocco, 1995. 262 p.

HEYERDAHL, T. *A expedição Kon-Tiki.* São Paulo: José Olympio, 2007.

HINDE, R. A. *Biological bases of human social behaviour.* Nova York: McGraw, 1974.

KAYE, K. *La vida mental y social de los niños.* Barcelona: Paidos, 1986.

LEAKEY, R. E. *A evolução da humanidade.* São Paulo: Melhoramentos/Editora da UnB, 1981.

_____; LEWIN, R. *Origens.* São Paulo: Melhoramentos; Brasília, DF: Editora da Universidade de Brasília, 1981.

LEIDERMAN, P. H.; TULKIN, S. R.; ROSENFELD, A. (Orgs.). *Culture and infancy*: variations in the human experience. Nova York: Academic Press, 1977.

LORDELO, E. R.; CARVALHO, A. M. A. Um estudo naturalístico do comportamento de cuidado entre crianças pré-escolares. *Biotemas,* Santa Catarina, v. 12, n. 1, p. 7-30, 1999.

LYRA, M. C. D. P. O modelo EEA para a investigação do desenvolvimento da comunicação e do *self:* bases conceituais e fundamentos teórico-metodológicos. *Estudos de Psicologia,* Natal, v. 11, n. 1, p. 25-33, 2006.

MORIN, E. *O enigma do homem*: para uma nova antropologia. Rio de Janeiro: Zahar, 1975.

MOURA, M. L. S. de (Org.). *O bebê do século XXI e a Psicologia em desenvolvimento.* São Paulo: Casa do Psicólogo, 2004.

NADEL, J.; BAUDONNIÈRE, P. M. Imitação, modo preponderante de intercâmbio entre pares durante o terceiro ano de vida. *Cadernos de Pesquisa,* São Paulo, v. 39, p. 26-31, 1981.

NEVES, W. A.; BERNARDO; D. V.; OKUMURA, M. M. M. A origem do homem americano vista a partir da América do Sul: uma ou duas migrações? *Revista de Antropologia,* São Paulo, v. 50, p. 9, 2007.

NEWSON, J.; NEWSON, E. Cultural aspects of childrearing in the English-speaking world. In: RICHARDS, M. P. M. (Ed.). *The integration of a child into a social world*. Nova York: Cambridge University Press, 1974. p. 53-82.

NUNES, A. *A sociedade das crianças A'uwê-Xavante:* por uma antropologia da criança. Lisboa: Instituto de Inovação Cultural/Ministério da Educação, 1999. p. 13-71.

OLIVEIRA, Z. M. R. *Jogo de papéis:* um olhar para as brincadeiras infantis. São Paulo: Cortez Editora, 2011.

_____; ROSSETTI-FERREIRA, M. C. Understanding the co-constructive nature of human development: role coordination in early peer interaction. In: VALSINER, J; VOSS, H. G. (Eds.). *The structure of learning processes*. Norwood, N.J.: Ablex, 1996. p. 177-204.

PEDROSA, M. I.; CARVALHO, A. M. A. Construction of communication during young children's play. *Revista de Etologia,* São Paulo, v. 8, n. 1, p. 1-11, 2006.

PIAGET, J. *A formação do símbolo na criança*. Rio de Janeiro: Zahar, 1975.

_____; INHELDER, B. *A psicologia da criança*. São Paulo: Difel, 1982.

RESENDE, B. D.; OTTONI, E. B. Brincadeira e aprendizagem do uso de ferramentas em macacos-prego (*Cebus apella*). *Estudos de Psicologia,* Natal, v. 7, n. 1, p. 173-80, 2002.

ROSSETTI-FERREIRA, M. C. *Mãe e criança:* separação e reencontro. São Paulo: Edicon, 1986.

_____; AMORIM, K. S. *et al.* (Orgs.) *Rede de significações e o estudo do desenvolvimento humano*. Porto Alegre: Artmed, 2004.

_____; COSTA, N. R. A. Construcción de vínculos afectivos en contextos adversos de desarrollo: importancia y polémicas. *Scripta Nova. Revista Electrónica de Geografía y Ciencias Sociales*. Barcelona, 15 marzo 2012, v. XVI, n. 395(2). Disponível em: http://www.ub.es/geocrit/sn/sn-395/sn-395-2.htm.

_____; OLIVEIRA, Z. M. R. *et al*. Peer relations in Brazilian daycare centres – A new focus for early childhood education. In: KERNAN, M.; SINGER. (Eds.). *Peer relationships in early childhood education and care*. Londres: Routledge, 2011. p. 74-87.

SMITH, P. K. *Children and play.* Chichester, UK: Wiley-Blackwell, 2010.

SPITZ, R. *O primeiro ano de vida.* São Paulo: Martins Fontes, 1979.

TOMASELLO, M. *Origens culturais da aquisição do conhecimento humano.* São Paulo: Martins Fontes, 2003.

TREVARTHEN, C. The concept and foundations of infant intersubjectivity. In: BRÄTEN, S. (Ed.). *Intersubjective communication and emotion in early ontogeny.* Cambridge, Mass: Cambridge University Press, 1998. p. 15-46.

VALSINER, J. *Culture and the development of children's actions.* Grã-Bretanha: John Wiley & Sons, 1987.

VITÓRIA, T.; ROSSETTI-FERREIRA, M. C. Processos de adaptação na creche. *Cadernos de Pesquisa,* São Paulo, v. 86, p. 55-64, 1993.

VIGOTSKI, L. S. *A formação social da mente.* São Paulo: Martins Fontes, 1984.

_____. *Pensamento e linguagem.* São Paulo: Martins Fontes, 1993.

WALLON, H. *As origens do caráter na criança.* São Paulo: Nova Alexandria, 1995.

WEREBE, M.J.; NADEL-BRULFERT, J. (Orgs.) *Henri Wallon.* Tradução de Elvira Souza Lima. São Paulo: Ática, 1986.

Sugestões de leitura

CARVALHO, A. M. A. et al. (Orgs.) *Brincadeira e cultura:* viajando pelo Brasil que brinca. São Paulo: Casa do Psicólogo, 2003, v. 1-2.

CARVALHO, A. M. A.; MÜLLER. F. (Eds.) Revista *Psicologia USP:* Infância e Educação Infantil, São Paulo, v. 20, n. 3, 2009.

CORSARO, W. A. *Sociologia da infância.* Porto Alegre: Artmed, 2011.

LORDELO, E. R.; CARVALHO, A. M. A.; KOLLER, S. H. (Orgs.). *Infância brasileira e contextos de desenvolvimento.* São Paulo:

Casa do Psicólogo; Salvador: Editora da Universidade Federal da Bahia, 2002. (Caps. 4, 6, 7).

MÜLLER, F.; CARVALHO, A. M. A. (Orgs.). *Teoria e prática na pesquisa com crianças:* diálogos com William Corsaro. São Paulo: Cortez Editora, 2009.

PEDROSA, M. I.; SANTOS, M. F. S.; SANTOS, W. N. Princípios norteadores para a Educação Infantil. In: ANGELIM, F.; OLIVEIRA, I.; VASCONCELOS, M. I. (Orgs.). *Proposta curricular.* Educação Infantil. Camaragibe: Prefeitura Municipal, Secretaria de Educação, 2002. p. 27-42.

ROSSETTI-FERREIRA, M. C. Olhando a pessoa e seus outros, de perto e de longe, no antes, no aqui e no depois. In: COLINVAUX, D.; LEITE, L. B.; DELL'AGLIO, D. D. (Orgs.) *Psicologia do desenvolvimento*: reflexões e práticas atuais. São Paulo: Casa do Psicólogo, 2006. p. 19-59.

WALLON, H. O papel do outro na consciência do eu. In: WEREBE, M. J. G; NADEL-BRULFERT, J. (Orgs.). *Henri Wallon.* São Paulo: Ática, 1986. p. 158-67.

_____. Os meios, os grupos e a psicogênese da criança. In: _____; _____. (Orgs.) _____. São Paulo: Ática, 1986. p. 168-178.

WEREBE, M. J.; NADEL-BRULFERT, J. Proposições para uma leitura de Wallon: em que aspectos sua obra permanece atual e original?. In: _____; _____. (Orgs.) _____. São Paulo: Ática, 1986. p. 18-21.

As sugestões que se seguem são textos e material audiovisual adequados para cursos introdutórios e de formação de profissionais de Educação Infantil

MONTAGU, A. *Tocar:* o significado humano da pele. 4. ed. São Paulo: Sumus, 1986.

OLIVEIRA, Z. M. R. *et al. Creche:* crianças, faz de conta e cia. Petrópolis: Vozes, 1993.

OTTA, E. *O sorriso e seus significados.* Petrópolis: Vozes, 1994.

RAMOS, T. G.; ROSA, E. C. S. (Orgs.). *Os saberes e as falas de bebês e suas professoras.* Recife: Fundação de Cultura Cidade do Recife, 2008. v. 3. (Portfólio Pedagógico).

ROSSETTI-FERREIRA, M. C. et al. *Os fazeres na educação infantil.* 12. ed. São Paulo: Cortez Editora, 2012.

Vídeos

a) Realizados pelo Centro de Investigação sobre o Desenvolvimento e Educação (Cindedi) e pela Creche Carochinha:

- *Bebê interage com bebê?*
- *Creche e letramento*
- *Fizeram arte na creche*
- *O fazer do bebê*
- *O lobo que virou bolo:* práticas educativas alimentares
- *Os contos que as caixas contam*
- *Quando a criança começa a frequentar a creche*
- *Que casa é esta: o abrigo enquanto um acolhimento de qualidade para a criança e o adolescente*
- *Um ambiente para a infância*
- *Vida em grupo na Creche Carochinha*

Para solicitá-los, entre em contato com:
– Centro de Investigação sobre o Desenvolvimento e Educação (Cindedi)/Faculdade de Filosofia, Ciências e Letras de Ribeirão Preto (FFCLRP)/Universidade de São Paulo (SP)

Avenida Bandeirantes, 3.900 – Ribeirão Preto – SP
CEP 14040-901
Tel.: (16) 3602.3791
E-mail: cindedi@ffclrp.usp.br

b) Realizados pela Casa Redonda Centro de Estudos:

- *A casa, o corpo, o eu*
- *A festa de São João*
- *A festa da Estrela*
- *Brincando com os elementos*
- *Eu que me ensinou*
- *Eu quero brincar de boca!*
- *Histórias de todo dia*
- *Toque de criança*

(Disponíveis em: www.casaredondacentrodeestudos.com.br/producoes)

c) Sobre vida intrauterina:

NAISSANCE du cerveau: dix milliards de galaxies. Autor: Films du Levant; CRM/McGraw-Hill Films. Produção: Claude Edelmann. *et al.* CRM/McGraw-Hill Films, 1982.
(Acesso por meio do Consulado Francês)

Ana Maria Almeida Carvalho é professora associada do Instituto de Psicologia da Universidade de São Paulo (USP). Sua principal linha de pesquisa focaliza, desde o final da década de 1970, a ontogênese do comportamento social na criança na perspectiva psicoetológica, explorando ludicidade, interações, comunicação e construção de relações entre pares em crianças de zero a seis anos. *E-mail*: amacarva@uol.com.br

Maria Isabel Pedrosa é professora titular do Departamento de Psicologia da Universidade Federal de Pernambuco (UFPE) e coordenadora do Laboratório de Interação Social Humana (LabInt). Suas pesquisas estão voltadas para a ontogênese infantil, com foco predominante na compreensão social de crianças pequenas quando em convívio com pares de idade. Utiliza-se de observações videogravadas e de minucioso procedimento de análise para compreender processos desenvolvimentais. *E-mail*: icpedrosa@uol.com.br

Maria Clotilde Rossetti-Ferreira é professora emérita da Faculdade de Filosofia, Ciência e Letras da Universidade de São Paulo, *campus* de Ribeirão Preto (FFCLRP), e membro do Centro de Investigações sobre Desenvolvimento Humano e Educação Infantil (Cindedi). Seus projetos de pesquisa e atuação focalizaram, desde a década de 1960, o desenvolvimento das relações afetivas, interações adulto-criança e criança-criança, processos de adaptação de bebês em creche, promoção da qualidade da educação coletiva de crianças pequenas e, mais recentemente, acolhimento familiar, institucional e adoção. *E-mail*: mcrferre@usp.br